いつかは
結婚したい
乙女たちの
ア[illegible]ーク

さぁ、始まりました。

結婚したい乙女たちのアダルトーク。

きっかけは２０２１年１月22日にお琴から送られてきた１通のLINE。

「ねぇ、ラジオやらない？笑笑」

普段から特別よく遊ぶとかそういうわけでもない友達からのLINE。でもなんか、、面白そう。「え、やりたいｗｗｗでもどうやって？」 ２つ返事でＯＫする私。

このお琴の言葉が、この私の返事が、どれだけ大きな意味を持つことになるかなんて全く想像していなかった２人。

そう、このたった１回のLINEで今のアダルトークは始まった。

２０２１年１月28日
初ミーティング。ホワイトボードには目的、ターゲット層、マネタイズ化の場所、そして50個ほどのトークテーマを書いていた。

「てか30代に対するアレ何？」『アラサーって響きなんかマイナスじゃない？うちらは30代でも変わらなそうｗ』「わかる！何歳になっても楽しんでそうｗ」

そんなやり取りだった気がする。

最後に裏面にひとつだけ書かれた文字。

『結婚したい乙女たちのアダルトーク』

うん、よくわからないけどいい感じ。何となくイメージができ上がったこの日、私達はとある契りを交わした。それは、何が何でも１００エピソードを更新するまでやめないこと。お琴と私の共通点、三日坊主はこうして阻止されたのである。

とはいえ、ただの一般人。始めは誰がどうみても趣味としかいえない状況だった。

リスナー１、たったの１名。

それも２人の共通の男友達だから本当に内輪。でも大丈夫。こんなもんだと思ってたし。

２か月後、リスナーは数人に増えていた。海外にいる人も聞いてくれてる！ だけど全然バズらない。何これ。自己満やん。

でも。

１００エピソードという契りがある。やめられない!!

よくわからないけどこの状況に燃え、我ら大好きホワイトボードで何回もミーティングをした。そのおかげか半年後にはSpotifyのPODCASTランキングTOP10入！
２０２２年２月22日　約１年間をかけてとうとう#100更新！私達のことを知っている人が少しずつ増えてきた。
２０２２年３月　PODCAST AWARDS で Spotify Next クリエイター賞受賞
２０２２年５月　Spotify独占配信スタート
２０２２年10月　初めてリスナーとご対面。本物だ！　なにこれ超感動。
２０２３年３月　オールナイトニッポン０決定
…。

「そろそろ新しい事したいね」『でも次は何を？』「本、出せたら良いね」

そんな話が出た次の日。

突然この本の出版のお誘いが来た。

軽ノリで始めたにしては、とんでもないことになっている。

気付いたら私、会社を辞めてアダルトークに全てをかけている。

配信を楽しみにしてくれているリスナーがいる。

アダルトークを通じて「この歳、最高」を無意識に更新し続けている。

2人とも同じことを感じていた。

そして、覚悟を決めた。第2フェーズ突入。

２０２３年12月 本出版 〝アダルトーク初顔出し〟


今回、この本の中で、ずっと隠してきた私たちの全てをさらけ出しています。これについては本当に何度も話し合いました。

皆が知っている通り、私とお琴は性格や考え方が全然違います。でも、この2年半ずっと一緒だったものもありました。

アダルトークで目指す場所です。

この本はそんな私たちが出した覚悟です。

過去のエピソードについては考え方が変わったものも正直あります。が、過去も含め私たちの全てです。

今までとは違って私達のパーソナリティをより身近に感じた上で見て頂けたら嬉しいです。


さて今回のお題は「正体」です。

どうぞ。

ルナ

『結婚したい乙女たちのアダルトーク』は
お琴とルナでお届けしています

2021年2月よりスタートした、
恋愛からエロまで男女に起こる
アレコレについて語るポッドキャスト番組が
『結婚したい乙女たちのアダルトーク』。
アラサー女子2人組のお琴とルナが、
番組MCから編集・配信まで務めています。
忖度なし、台本なし、打ち合わせなし。
今日のトークがどこに向かうのか、
2人にだってわかりません。
毎週火曜・土曜19時に更新しているので、
聞いてみて！

お琴

1994年10月27日生まれ
さそり座　B型
『アダルトーク』では
主にツッコミ役。
趣味はポールダンス。
目指すは落ち着いた大人の女。

ルナ

1994年7月28日生まれ
しし座　B型
『アダルトーク』を
牽引するエンジン。
趣味は飲酒。
目指すはカッコいい女。

X　Instagram　TikTok　spotify（PODCAST）

※番組はspotify独占配信です

adultalk

contents

adultalk 2

adultalk 3

恋愛相談

adultalk 4

adultalk 5

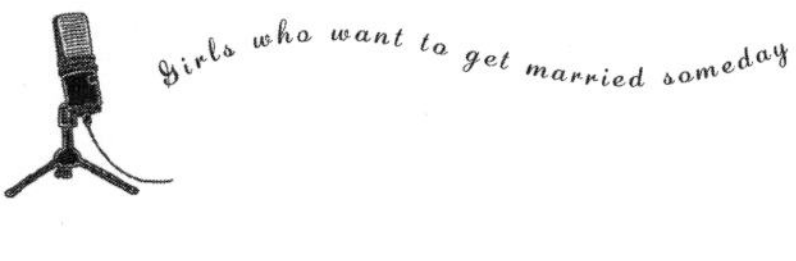

読めば元気になる

この本には『結婚したい乙女たちのアダルトーク』初回配信（2021年2月20日）から200回（2023年2月11日）までの、ちょうど2年間分の番組の中から、選りすぐりのエピソードを掲載しました。リスナーからの反響が高かったもの、そしてお琴＆ルナがお気に入りのものを中心にチョイスされています。

お琴とルナのテンポよく繰り出されるトークは、聞いていてもちろん楽しいのですが、こうして文字にすることで、耳から聞くのとはまた違ったかたちで心に頭に響き、気になった箇所を繰り返し目にすることで、さらに楽しめ、いつのまにか元気に、前向きになっている自分に気づくはず！

もっと掲載したい回（ルナ失恋回とか）もあったけど、絞りに絞っての約30のエピソードをまずはお読みください！　そして、単行本オリジナルコンテンツである、ソロインタビュー、元カレ対談……そしてそして、ついに顔出し！など、お楽しみは盛りだくさんです!!

（掲載にあたっては、番組から一部を抜粋しています。発言はほぼ忠実に再現していますが、一部表現や、文字にすると読みにくいもの、意味が伝わりにくい箇所については、発言の意図を損なわないように加筆・修正を行っています）

adultalk **1**

神回ベスト10

① #166 女の裏側
② #115 信じられない男の言葉
③ #14 ダスキン回
④ #64 微妙な質問回答集
⑤ #88 大恋愛
⑥ #136 初デートでコレに気をつけろ
⑦ #121 拗らせ恋愛
⑧ #114 セフレから本命になる方法
⑨ #44 理想のプロポーズ
⑩ #10 女の本音

初回放送から2年間で200回を配信。男女関係のアレコレを中心に、
まだまだ話は尽きません！　まずはリスナーからの反響が特に大きかった配信回と、
ルナ&お琴が手応え！を感じた配信回、これぞ神回なベスト10からスタート！

adultalk 神回①位

女子は共感&爆笑、男子は驚愕&呆然！ リアルすぎる女性の生態と本音

#166 女の裏側 ～男性が知らない本当の顔～

ルナ さあ始まりました、Spotify独占配信『結婚したい乙女たちのアダルトーク』。今回もルナとお琴でお送りしたいと思います。まず、乾杯しましょう、**かんぱぁ～い！**※1

お琴 あー、おいしい！

ルナ 調子はどうよ、お琴。今日は、この後、ごはんに行くからね。収録後にまた喋り倒すっていう(笑)

お琴 8割方ルナが喋るんじゃないかなと思ってま～す！

ルナ じゃあ無口でやってやろっと(笑)

お琴 めっちゃ静かだよ(笑)

ルナ ということで、今回のお題をどうぞ！

お琴 今回のお題は……「女の裏側」！

ルナ ウェーイ！ このお題を持ってきたのは私ですけど……なんで思いついたかを、話していいですか？

お琴 はいはい。

ルナ この前、友だちと、スーパー銭湯※2みたいなところに行ったの。サウナに入っていて、パッと横を見たら、年配の女性の方がね、すっごい股を広げて、脇と胸をめっちゃ掻《か》いていたわけ(笑) それを見て、ショックを受けちゃって……。**でも、男性ってこういう女性の姿を知らないんだなって思って。**

お琴 たしかに！

ルナ そういう、女性の普段見られない面。ちょっと「えーッ!?」っとヒいちゃうような面から、「そんなことしていたの!?」みたいな、愛おしくなるような裏側のすべてを、今回は語っていこうという回でございます！

お琴 いいですね～。銭湯の話を引っ張るんだけど……普段は女性の裸とかって見ないじゃん。だから銭湯に行くと、驚くことって多いんですよ。

ルナ ある(笑) 女でも、女の人の裸って、ドキッとしません？ なんか見ちゃいけないみたいな……。

※1 リスナーにはおなじみのこのオープニングコール。生まれたきっかけは「お酒飲んだら面白いんじゃないかな～みたいな感じで、収録当日のノリで決めました(笑)」(お琴) とのこと。飲み屋でマネしているリスナーも多いとか。

※2 銭湯とスーパー銭湯の違いはその値段。銭湯は「一般公衆浴場」の範囲で金額が決められているが、スーパー銭湯は娯楽施設としての要素が高いとされ、「その他の公衆浴場」に分類される。そのため、金額規定はなく、施設が利用料金を決定できる。ちなみに銭湯の値段は佐賀県が最も安く大人280円、最も高いのは東京都と大阪府で大人520円('23年10月編集部調べ)。

お琴　あるよね(笑)
ルナ　ちなみに、あなたは**タオルでちゃんと隠す人？　上と下を……。**
お琴　ちゃんと隠す人！　え、隠さない人!?
ルナ　私、隠さない(笑)
お琴　なんで隠さないほうが話を進めるんだよ(笑)
ルナ　女性によってもバラバラでさ。**年齢が上になればなるほど、隠さない人、多いよね。**あれ、何!?
お琴　しかも堂々としてない？
ルナ　しかも、隠さない人ほど、**体型がちょっとふくよかな方が多くない？**
お琴　あと、**胸が大きい方**※3**も隠さない。**
ルナ　たしかに！　自信があるのかな、あれって。
お琴　そういうこと!?　でも、見ちゃいけないと思うけど、見ちゃうじゃん。
ルナ　見ちゃう、見ちゃう！
お琴　人の体型ってめっちゃ見ちゃうよね……だけど、なんかいけないことをしているような感じになる。あと、それこそ友だちとさ……完全に「女の裏側」から遠ざかっちゃうけど、女友だちとお風呂に入るってときに、どこ見て喋っている？
ルナ　私、それは結構、気を使うかも。
お琴　だよね!?
ルナ　胸を見ないようにとか(笑)
お琴　あと、股とかも見ないように、ちょっと目をそらすというか(笑)
ルナ　すっごくわかる、その気持ち！
お琴　なんか複雑。気になるんだけど……更衣室も気にならない？　「うわ、この子って意外とこうなんだ……」って思ったりするじゃない、いろんなことを。意外と女同士でもそうなんだよね。

アンダーヘアで年齢がわかります

ルナ　逆に、男の人ってどうなんだろう。ジーッと見るのかな？
お琴　それってどこ見るの(笑)

※3　日本人女性のバストサイズは年々大きくなっている。下着メーカー・トリンプの調査によると、1980年にはAカップは58・6%、Cカップは11・7%、1990年以降ではCカップは20%超に。バストサイズの平均値も年々上がっている。

ルナ　……イチモツ※4(笑)

お琴　あはは(笑)　そういう会話とかするのかな？

ルナ　どうなんだろう。男の人はやっぱり、さすがに隠すのかな？

お琴　それ、結構、分かれるらしいよ。その、下を隠すか隠さないか問題って。

ルナ　え、それは、やっぱり自信なの？

お琴　どうなんだろう(笑)※5

ルナ　お風呂って結構、気になるんだけど！

お琴　でも、(隠す人は)バカにされていた！　これ、学生時代の話だけど……修学旅行って、みんなで大浴場に一緒に入るじゃん。で、「絶対にタオルを巻いて入る」って、すごくイジられていた。

ルナ　かわいそう(笑)

お琴　男の子って隠さないんだって、そのときに思ったんだよね。

ルナ　男らしくない、みたいな感じなのかな。

お琴　確かに、不思議。

ルナ　しかも、今だと、それこそパイパン※6の人とか……前にも話したじゃん、上の年齢の方になればなるほど、毛がある方が多いって。だから、**パイパンかどうかでだいたいの年齢がわかる**、みたいな。それも見ちゃう。

お琴　わかる……てか、はいはい！　言いたいことあるんだけど！(笑)

ルナ　私もある！(笑)

お琴　え、じゃあ先にいいよ(笑)

ルナ　じゃあ先にいい？　くだらないから(笑)　自分たちより結構、上の年代で、パイパンの方を見ると「うわ、この人やりよる！」って思わない？

お琴　……！(笑)

ルナ　そういう人、いない？　体型とかも、胸がすごくふくよかというか、大きな方で、スタイルがいい女の人とかを見ると、「あぁ、この人、やり手だな、絶対」とかって思っちゃうよね。「絶対エロいな」とか。

お琴　なるほどね。私はちょっと別の角度からだけど……、私の周りとか友だちって、パイパンっていうか、毛がない人が多いんだけど。でも、銭湯に行くと、「え、みんな毛がある……」って思っちゃう(笑)

※4　男性器を意味する言葉として古くから使われてきたが、お笑いコンビ・どぶろっくのネタ「大きなイチモツをください」によって一般により広まった。

※5　男性もやはり年齢を重ねるにつれて陰部を隠さない傾向にある。またサイズや形に自信がある男性ほど隠そうとしないのも、女性と同じだと言える。

※6　ここで2人が話しているパイパンとは完全無毛のことを指す。I部、O部はもちろんのこと、V部も完全無毛。

ルナ　わかる、意外とまだ……。
お琴　少ないよね！
ルナ　「あれっ？」って思っちゃう。たしかに、銭湯に行くと、毛がある人が多い。あれ、なんで？
お琴　わかんない。だから「不思議〜！」って思う。自分の周りってマイノリティ※7なんだと思っちゃうね。自分はそういう友だちばっかりだから、普通だと思っていたけど、そうじゃないんだな、みたいな。
ルナ　たしかに、わかるわ。銭湯繋がりでまだあるんですけど……もうひとつ驚いた、衝撃的なカルチャーショックがありまして(笑)ちなみに「女の裏側」って言ってるけど、全員じゃないからね、さっきの話も。
お琴　そうだね、そうだね。

銭湯にいたすごいおばあさま

ルナ　これもまた、おばあさまなんですけど。とあるおばあさまが、シャワーでね、お股をね……下からお股にシャワーをバーンッ！って当ててたの(笑)
お琴　あはは(笑)
ルナ　お股を洗っていたんだけど、その洗い方にものすごいショックを受けてしまって……なんか、どんなに綺麗でも、この洗い方はイヤだなって思って。綺麗にするに越したことはないけど、「たぶんその洗い方って水圧とかよくなくない」みたいな。「絶対、刺激すごいよね、それ」って思って(笑)
お琴　それはただ洗っているっていう……？
ルナ　立ってそこにシャワーをダーッて当ててるんだよ。ヤバくない⁉
お琴　それはちょっと……イヤだね。
ルナ　なんかもう、そこを使いたくなかったもん。
お琴　使いたくないよね(笑)
ルナ　そういう、裏側(笑)
お琴　結構、コアな裏側がきましたね(笑)

トイレで見える女性の「みにくさ」

ルナ　続けていきますね。トイレ。駅とかのトイレって……渋谷とかもそうだな。そういう、人が多いとこ

※7　20〜30代の女性においても完全無毛は10％ほどという調査が。同年齢層で「ほとんどお手入れをしていない」と回答した女性も約30％いた。

ろのトイレって、みんな化粧直しをするから、場所取りがすごいんですよ。だけど、女子トイレって……もちろん男子は入ったことないと思うけど※8、マジで**裏側では戦争が起きています。**

お琴 戦争、起きているね。それについて、言いたいことがあるんだけど……化粧台、汚くない!?

ルナ マジでそう!!

お琴 なんでみんな、ゴミを置いていくの!? カラコンとか、つけまとか、コンタクトのケースとか……。

ルナ あと、使ったあとの綿棒! それと、メイク落とし。そういうゴミを、ね。表ではキレイに振る舞っているのかもしれないけど、男の人がいなくなった瞬間から、めちゃくちゃ汚いよね。トイレとかも、「えっ!?」ってなるとき、ない? 「おいおい、お前ら、どうした!?」って。

お琴 わかる! トイレって、公共のでっかい駅になればなるほど、あんまりキレイじゃないっていうか。女性用にはさ、サニタリーボックスがあるじゃん。

ルナ 女の子の日のアレを捨てるやつね。

お琴 あれにさ、ペットボトルとかゴミとかも突っ込んであるよね。あれってさ、よくなくない!?

ルナ よくないし、なんか駅にゴミが……トイレにゴミが置いてあるって、あるあるだと思うんだけど、自分が入ろうと思ったトイレにそういうゴミ袋があると、一瞬「**これ、カメラとか設置されてない?**」ってドキッとしたことない? 紙袋とかだと、特に。※9

お琴 あ、考えたことなかったけど、たしかに!

ルナ 触りたくないし、絶対、触れないんだけど、一瞬、何か思う……。

お琴 すごくちゃんと気をつけているね。

ルナ 私、結構そういうの、気にしぃなんで。

お琴 でも、それってすごく大事かも、安全か気をつけておくのは。ちょっと学ばせてもらった。

ルナ 気をつけて、みんな!

お琴 たしかに、なんか変に紙袋が置いてあったりするよね。それ、普通忘れるか? みたいな。

ルナ デカいやつとかがポンと置いてあるから。しかも、下とかにあると危ないよ、こっちを向いてるほうに。本当、気をつけてください、皆さん。あと、トイレでもうひとつ思いついたのが、化粧直しって女性あるあるじゃん。

お琴 うん。

※8 トランスジェンダーへの配慮から各地に増えている男女兼用トイレ。スウェーデンでは一般的だというが、日本では受け入れられているとは言い難い。「身だしなみを直そうとすると き、異性がいると恥ずかしいかも(笑)」(ルナ)

※9 高性能かつ小型化しているカメラ。わずか2ミリの穴があれば、撮影は可能だとされている。盗撮された画像、動画はアダルトコンテンツとして、撮られた当人が気づかないままに流通しているケースも。少しでも違和感を感じたら、確認すべき!

お琴　1人で家にいるときとか、1人の空間だと、ホテルとかでもそうだけど、**「トイレを開けっ放しでする」**。

ルナ　出た、出た！(笑)　これ、この前、お琴が言ってたんだけど、わかるんだよ。私もそうだし、あれ、なんなんだろうね、あの開放感は……あとさ、たまに裸でうろちょろしない？

お琴　わかる！　するよ、する！　全然するよ、私。

ルナ　するよね。あれも……知りたくないと思うだろうけど、『進撃の巨人』※17みたいに(笑)

お琴　マジでそれ(笑)

ルナ　かわいいランジェリーとかを着たりもしますよ、もちろん。でも、それと同じぐらい裸でいる時間も多いですよ(笑)

お琴　マジでそう！(笑)　なんだろうね、あの裸で歩いている時間は。開放感だよね。

ルナ　わかる。誰にも見られてないから、自由に、生まれたてのままの時間で(笑)

お琴　ウケる～！　これを共感してもらえるとは思わなかった(笑)

ルナ　あとこれね。「あったことをすぐに周りに共有する」。「ねぇ、聞いて！」って、仲いい友だちには事細かに全部言って、スクショとかもパパンッって送って(笑)　しかも、今言ったのは結構あると思うんだけど、本当に稀に一部の女性は、例えば好きな人の家に泊まりに行きますってなったら、そこで写真を撮って送ってくる子とかもいる。

お琴　えー!?

ルナ　そういう……寝顔とか、「こういうものがあった」とかっていう写真を、撮ってくる人も本当に稀にいる。

お琴　それは結構、ハードなほうにいってますね。

ルナ　あと、電車でかっこいい人がいたときに、写真を撮ってる人とか。あと、**「SNSを漁《あさ》る」**※18。

お琴　もう、それは、そうですね。

ルナ　これは、ほとんどみんなやってる、たぶん。

お琴　みんな探偵。**女はみんな探偵です。**

ルナ　すごいんですよ、特定能力がマジですごい。ちゃんと1個ずつ見ているからね。だから、「なんでバレてるんだろう」って思ったりしたら、ちゃんと裏で見られています！　ダークな裏側としては、私は以上かな。

※17　『別冊少年マガジン』で連載されていたダーク・ファンタジー漫画。圧倒的な力を持つ巨人と人間との戦いを描く。アニメ化もされ、人気を博す。巨人は全裸だが、性器はついていない。

※18　女性のSNS調査能力の高さについては、『#125　嫉妬～レベル3＆4～』で語られている。女性インフルエンサーとその投稿に「いいね！」をする男性への当たりがとても強い。

ステキな裏側だってあります

お琴　ダークなのはそんな感じかな、私も。じゃあ、いいほうをいきますか。

ルナ　じゃあ、これはもう、乙女はみんなそう。大好きな人との予定が決まった瞬間から、女の子はダイエット、ネイルを変える、髪の毛の色を変えるとか、服を新しく買うとか、あと前日はお酒で顔がむくまないように飲みすぎないとか、早く寝るとか、パックするとか、めちゃくちゃいつも以上にちゃんと**髪の毛を冷風まで当てて、綺麗に乾かす**とか、細か〜いことに気を使ってます！　毛を剃るとか。

お琴　ドライヤーに関しては、マジでそうだよね！　冷風ってなかなか使わないけど、絶対、デート前は使う(笑)

ルナ　冷風ってそういう存在だよね(笑)　毎日やったほうが絶対にいいんだけど、ちょっと面倒くさいよね。

お琴　ちょっと面倒くさいけど、でも気合い入れる前日には、ちゃんと当てますね。

ルナ　予定の何時間前から用意する？　私はめちゃくちゃ早くから、多めに時間をとって用意を開始するの。なんか髪の毛とかメイクがうまくいかなかったときのために、ちょっと調整できるように。

お琴　わかるよ。普段なら家を出る1時間前からスタートするけど、そういう日はもう2時間前とかからやる。

ルナ　そうだよね！　なのにさ、結局、前日までに服を決めてないと「やばいどうしよう、靴どうしよう、バッグも、やばい、やばい、あ、もう出る時間！」ってなって、結局また部屋が荒れるっていう、ルーティン(笑)

お琴　私はそういうデートの日は、絶対にコーデは前日に決める！

ルナ　うわ、エラい。

お琴　本当に脈アリの人とのデートじゃないと、やんないかも。脈アリっていうか、自分がちょっといいなって思う人との……。

ルナ　大事にしたい、ちゃんとキメていきたいっていう日だよね。だから、天気見ない？　「雨降らないで！髪の毛の巻きが取れちゃう……」とか。

お琴　天気、見る〜！　あと靴もさ……。

ルナ　そう！　この服を着たいのに、雨が降ったら台無しじゃんとか！

お琴　そうそう、わかるし、**私はそれで自分のデートに対する楽しみ度がわかる**っていうか。

ルナ　自分で認識するよね！　そこまでモチベーションを高めているから、そこでドタキャンされたときのショックって……たぶん、ドタキャンってもの自体が誰でもショックだと思うんだけど、準備期間がマジで女の子は長い子が多いんで、結構、影響力がデカい！※19

お琴　わかります。めちゃくちゃ萎えています。

ルナ　マジで萎《な》えていますから、極力控えてください（笑）あと、ダイエットといえば、水着を着るときも、結構、女の子はちゃんと我慢をしているなっていうイメージがある。

お琴　わかる、そうだよね。

ルナ　お腹が空いたし、食べたいけど、今食べたらお腹が……写真が盛れないし、我慢しようって多くない？

お琴　多い、多い！

ルナ　こっち系はね、多いなって思います。

服のテイストが変わる理由

ルナ　あと、**「好きな人のタイプによって服装が変わる」**。

お琴　あぁ～！　そうかも。

ルナ　自分の好きな系統はこれなんだけど、でもあの人はこれが好きだから、ちょっとなんだかんだで寄せちゃおう、この服も買っとこう、みたいな。

お琴　それ、ある！

ルナ　知らないところで、女の子は……だから、系統が最近変わったなっていう女の子がいたら、誰かに影響されている可能性は高い。

お琴　高いと思う。

ルナ　まぁ、シンプルにそのコーデが好きになったって子も中にはいるけどね。

お琴　それ、だいぶあると思います。なんか、服装って結構、男性で変わると思う。

ルナ　確かにね。でも、**お琴とかはマジでめっちゃ変わった**……（笑）あのね、お琴って、どちらかっていうと、なんていうんだろうな……ラフっていうか、ストリート系っていうのかな。

お琴　今日はちょっとストリート系だよね。

ルナ　マジでこの1年の間に、本当に180度ぐらい変わったんですよ。マーメイドスカート系……？

お琴　あの、ひとつ言っていいですか（笑）　なんでそういう服装になったのかというと……。

※19　ドタキャン以外でショックなのは「男性が店を予約してない、連絡が直前までない、服装がカジュアルすぎ」に加えて、「女性側が気合い入れすぎたか…って思うようなミスマッチなお店に連れて行かれた時も」（ルナ）

ルナ　マジで聞きたい（笑）なんで⁉

お琴　今までは確かに自分の好きな服装ばっかり着ていたの、彼氏がいるときも、ね。彼氏が好きな服装に合わせようっていう、そういうのはあんまりなかったんだよね。ずっとなくて、私は結構、今までの人生で好きな服を着てきたの。でも、彼氏がいなくなりましたってなって、**この服じゃモテないんだなって気づいたの（笑）**で、モテを追求した結果ですよ。モテを追求した結果、今の服装があります。

ルナ　そういうこと⁉　なるほどね（笑）

お琴　はい。今の私の服装は、モテます！（笑）※20

ルナ　あはは（笑）でも、本当にそうだと思う。いきなり女っぽい感じの、綺麗な女性って感じの服装になっちゃって。これはもう、ちょっとお母さんビックリしちゃった（笑）

お琴　たしかに、この『アダルトーク』を始めて、めっちゃ変わったと思う。

ルナ　それこそ、スタバとかで待ち合わせしてるときに「お琴、いないな〜」と思ってさ。そしたら、端から「ルナ〜！」とか呼ばれて、最初のほうは「あんた、誰⁉」みたいな（笑）今はもう見慣れて……。

お琴　そうだよね（笑）

ルナ　今はどっちも着こなしているもんね。それが一番楽しいよね。

お琴　好きな服も着るし、でもなんか無理しているわけじゃないの、それも。そういうモテを意識するような服装になったら、自分もそっちのほうが好きになったの。そっちの服装のほうが、なんか**自分のテンションが上がる！**

ルナ　わかる〜！　今日はこれでいこう、ってあるよね。

お琴　なんか、「今、自分はいい女だ！」みたいなテンションになれるんだよ、そういう服装のほうが！

ルナ　はいはい（笑）

お琴　だから、普通にモテを意識した結果ってなっているけど、今は本当に自分の好きな服って感じ。

ルナ　なるほど。じゃあ、女の子の服装にもそういう意味があるかもしれないってことですね。

お琴　そういうことです！

温泉でもこんな努力を

ルナ　デートで温泉に行ったとするじゃん。そしたら、早く上がらない？　本当はもうちょっと温泉に浸か

※20　服装を変えたところ、「初対面で外見を褒めてもらえることが圧倒的に増えました」（お琴）

っていたいのに、髪の毛を乾かして、もっとちゃんとコンディションを整えてから彼に会いたいから、ちょっと早めに上がってるはずなんですよ、みんな。

お琴　あ、ちょっとわかる！　心当たりありませんか、みんな？

ルナ　これは、**見えない努力**というか……女の子って、時間がかかるじゃないですか、髪の毛も長いし。しかも、温泉でヨレた箇所をどう整えていくのかっていうので、意外と早く上がっているはずなんだよね。だから、ちょっと多めに時間を見てくれると助かる。

お琴　助かる！　わかる～！

ルナ　これは「裏側」な気がする～。そんな感じかな？

お琴　そんな感じですかね。結構いろいろ出てきたけど、どうですか、男性の皆さん。びっくりしましたか？

ルナ　これを聞いて、ヒキましたか？(笑)

お琴　『進撃の巨人』とか(笑)

ルナ　あはは！　ショックな人、多いかもね、今回は(笑)

お琴　たしかに、「俺が女性に抱いてた幻想が……」みたいな(笑)　でも、男性の皆さん、これが現実です！

ルナ　あなたの前で綺麗でいてくれるっていうのは、そういう裏側があっての努力なので……だから、**彼女が綺麗な格好をしてきてくれたら、努力してくれたんだなって思って。**

お琴　そうですよ、裏側で努力をしているんです！

ルナ　「俺のことを思ってくれたんだな」って、ポジティブに考えてくれたらなと思って喋ってました～！

お琴　はーい！　じゃあ、ちょっと皆からの「女の裏側」※21も聞こうよ。

ルナ　あ～、いいじゃん！　逆に、「男の裏側」※22も聞こうよ。ウチらが知らない「マジで!?」みたいなの。

お琴　いいね、それはちょっと気になるな、普通に。

ルナ　気になるよね。これは、聞きましょう。

お琴　男女別で、アンケートをとりますか。

ルナ　Instagramのほうでアンケートをとりますので、フォローしていない方は、フォローをして答えてくださいね。ということで、今回もこんな感じでよろしいですか？

お琴　はい！

ルナ　今回も、ルナとお琴でお送りしました。『結婚したい乙女たちのアダルトトーク』でした～。バイバーイ！

※21　リスナーから寄せられた「女の裏側」は、「彼氏いない時は毛が伸び放題」、「彼の家で大をするのが恥ずかしいからコンビニに買い物しに行くテイでする」、「彼周りの怪しい女は裏アカでフォロー」、「おしゃれな料理をインスタにあげた時のキッチンはごっちゃごちゃ」など。

※22　リスナーから寄せられた「男の裏側」は、「トイレ後、指先だけちょろっと洗って済ませる」、「彼女にはしばらくひとりで致していないと言うが本当は毎日している」、「ポッケに手を突っ込んで勃ってるのを隠す」、「気になる子とのデート前に迷わないように下見に行く」など。

adulttalk 神回②位

沼らせ男子の言葉の真意を見抜け！そして「会食」にイラッとする2人

#115 信じられない男の言葉

お琴 今回のお題は、『信じてはいけない男の言葉』〜！　よいしょ！[※1]
ルナ いいお題。これ、考えるのがめっちゃ楽しかった(笑)
お琴 私もすっごく楽しかった(笑)
ルナ ね。これ、被っているのもありそうだよね。
お琴 あると思う！
ルナ 定番もありつつ、ね。よし、どっちからいく？
お琴 はい！ いいですか？
ルナ どうぞ、どうぞ。
お琴 これ、定番です。**「最近、彼女とうまくいってないんだよね……」**
ルナ え、待って……私も書いてま〜す(笑)　これ、言われたことある？
お琴 あるかも。
ルナ 私もあるんだよ。好きな人にそうやって言われて、「なんか俺、いけるよ？」みたいな感じ？　でも、実際は全然……たしかにケンカはしているかもしれないけど、ただのプチゲンカ！　これ、2回目に聞くと「え、もう全然？　別に普通だけど？」みたいな(笑)
お琴 これはもう、**絶対に信じてはいけない**。
ルナ 絶対に別れないよね。はい、じゃあこれは？　**「誓う！　もう二度としない！」**[※2]
お琴 あはは(笑)　それめっちゃおもろい！
ルナ すぐ誓うヤツ、絶対、ウソ(笑)
お琴 誓われたことありますか〜？(笑)
ルナ え、あるあるっ(笑)　そういうことですよ。

※1　ちなみに収録はお琴の自宅で行われている。以前はルナの両親が経営していたスタジオで収録していたことも。この日、ルナは40分遅刻したが、「珍しいですよ、10〜15分ならよくありますけど(笑)」(お琴)

※2　この言葉が男性によって使われる場面は、「酔っ払って大事なものをなくしたり、連絡を全然しないでケンカになってとか、色々あります。大概は浮気だけど(笑)」(ルナ)

お琴　はい。じゃあ、いいですか。これも、王道なの、いきますね。**「今は誰とも付き合う気はない」**
ルナ　あー！　もう、これはね。付き合う気がないんじゃなくて……。
お琴　そう、**「あなたと」付き合う気がないってこと**だよね。
ルナ　じゃあ、これも定番、ド定番ですね。LINEで、**「ごめん、寝てた」**
お琴　あ〜！　これ、書いた！　私も書きました（笑）
ルナ　もう、**嘘つけ！**って（笑）※3
お琴　寝ていませんっ！　起きていましたっ！（笑）
ルナ　無視しただけじゃん！　ってやつですね。
お琴　でもさ、「ごめん、寝てた」ってさ、正直使うっしょ？
ルナ　……めっちゃ使う（笑）
お琴　**こちらも使うよね（笑）**
ルナ　使う。だから、信用できない！

恋の最中では気づかないズルいセリフ

お琴　じゃあ、これは？　これはたぶん、ハマらせる男が言うだろうなっていうセリフ。**「好きじゃなかったらここまでしない」**
ルナ　書いてますっ！（笑）これさ、すごく紛らわしいフレーズだよね。でも、言われたら、女性は「そうか！」ってなりやすくない？
お琴　そう思っちゃう。「好きじゃなかったらこんなに一緒にいないよ」とか。
ルナ　でも、**だったら付き合えよ**って……。
お琴　そう、そうなんだよ！　女性が「私のこと好き？」みたいな感じで聞くのに対して、「好き」ってダイレクトに言わずにこれを言ってくる男は、１００％ハマらせる男だと思う。
ルナ　確かに！　回避しているよね。
お琴　「好き」とは言わずに、「好きじゃなかったらここまでしないよ」とか、そういう言い方をする男は、マジでズルい男が多い！
ルナ　じゃあ、ハマらせる男が言いそうなことを言ってみるか……　**「お前だけだよ？」**※4

※3　「ごめん、寝てた」に対しての2人の反応は、「無視一択です」（ルナ）、「テキトーなスタンプ送っておきます」（お琴）

※4　ここで使われている「お前」という呼び名、嫌いな女性も多いと聞くが、「嫌ですね、っていう私がたまにEP内で使ってるから良くないよなぁぁ」（ルナ）、「絶対嫌です」（お琴）

お琴 あー！(笑) 言いそう!!

ルナ もう、これを何人に言った!?

お琴 **何人に言っているんだよ**って話ですよね(笑)

ルナ 「なんとかだけ」みたいな言い方はよくないよね。

お琴 よくない！ じゃあ、ハマらせる男のセリフシリーズ、いきます！(笑) **「俺からはフラない」**

ルナ ……これ、めっちゃわかる！ え、これもハマらせる男のあるあるだよね。

お琴 やっぱそうだよね？ ハマらせる男ってさ……。

ルナ 「いくなら、自分から消えてください」みたいな感じだよね！

お琴 「俺からはフラない、絶対フラないから」みたいなことを言うんですよ。

ルナ これ言われたら、女の子は離れられないんだよ、結局！

お琴 そーなんだよね～、わかるわ～！

ルナ まぁでも、ある意味、それは間違いではないね。その人からは離れないね。そもそも**最初からそんなに近くにいたか？** って話ですから(笑)

お琴 そういうことですよ！

ルナ はい、じゃあこれいきます。**「ねぇねぇ、浮気してない？」**

お琴 おぉ……！

ルナ これ、闇深いワードで……「浮気してない？」って聞く人って、自分がしているから。

お琴 なるほどね～。

ルナ してます。これは過去に経験がある。自分がしているから、相手にもそれを投影しちゃうっていう。

お琴 はい、じゃあこれいきます。**「忙しくて時間作れないんだよね」**

ルナ うわー(笑) ちょっとそれに似ているやつ言っていい？ **「ごめん、急に仕事入っちゃった」**

お琴 あぁ～(笑)

ルナ 嘘じゃん！ いや、確かに忙しい人っているよ？ 本当に急に仕事が入ることもあるんだろうけど……けど、だったら別日を提案できるじゃん。**断りで終わるヤツは、全部もうアウト**だね。

「会食」でなんでも許されると思うなよ

ルナ　はいはい！　じゃあ、ちょっとそれにまた似ているんだけど、私の嫌いなワード……。
お琴　待って、もうね、わかった(笑)　せーの、で言おうよ！　嫌いなワードね？　せーの……。
ルナ＆お琴　**「会食」**！(笑)※5
お琴　うわぁ〜(笑)　あはは！
ルナ　マジで嫌い(笑)
お琴　もう、すっごく物申したい、男性の会食について！
ルナ　これさ、1回、ウチの元カレのときに議論を呼ばなかった？※6
お琴　議論を呼んだよね(笑)
ルナ　毎度毎度、「会食だから」「会食だから」って言って、「え？」みたいな。会食って言われたら、こっちはもう何も言えないじゃん！
お琴　何も言えないよね。
ルナ　「会食とは」って調べるとさ※7、「多くの人と食事をともにすること」みたいな感じで出てくるんだよ。つまり、お琴とごはんを食べている私は……!?
お琴　これも、会食!?　みたいな(笑)
ルナ　合コンって、これもワンチャン会食!?　みたいにさ、なってくるわけよ。
お琴　なんだろうね。**男性って「会食」って言えば、なんでも許されると思ってない!?**
ルナ　そう！「接待」と「会食」！　これ、もうズルいよね。
お琴　いや、わかるよ？　会食があるのも、接待があるのも、全然わかってる。わかってるんだけど、**「会食」って言われるとちょっとイラッとするんだよ(笑)**
ルナ　わかる、わかる！　でも私、言い返したことが1回あって……。
お琴　会食に対して!?
ルナ　同期とのごはんで「会食」を使った(笑)　私の会社って会食がないのよ。そういう業界だから「え、何それ？」って嫌な顔されて※8、「いやいや、あなたがいつも言ってるやつやん！」って思った(笑)
お琴　えっと、どっちだ、次は……。

※5　嫌いなワードが揃ったのは、会食についてたまに話していたから。「会食ってお仕事じゃないですか。だから『ご苦労さま』って素直に応援していたんですけど、ある時、ほぼ仕事関係じゃない女性との飲み会を『会食』と言ってる人がいることに気づいて。そのワードをうまく使って遊ぶ男性が嫌いになりました。本当にお仕事な人が大半だから会食自体を否定してるわけではないです!!」(ルナ)

※6　配信でそんなトークはしておらず、お琴とのプライベートでの会話だったよう。「ごめん(笑)」(ルナ)

※7　調べた理由は「前職で会食がなかったので意味は理解していたけど、どんな感じなのかイメージがわかず。その時、付き合っていた方がよく会食と言ってて気になった(笑)」(ルナ)

※8「嫌味です(笑)」(ルナ)

ルナ　ド定番のやつ、言っていい？　**「絶対何もしないからホテル行こう」（笑）**※9

お琴　私もありました〜（笑）

ルナ　これ、「お家」でも同じですね。「何もしないから」っていう枕詞、逆に怪しすぎぎん？（笑）

お琴　怪しすぎる！　これはもう、嘘ですね。信じちゃいけないです、この言葉は！

ルナ　言う人には、**「絶対にヤるから」**って意味でちゃんと受け取ったほうがいいよね。「絶対にヤるから、お家に行こう？」みたいな、ね（笑）

お琴　このワードは、全く逆だと思って……「絶対にヤるからウチに来なよ」って（笑）

ルナ　……！（笑）おもしろいね。でも、そっちのほうがよくない？

お琴　「絶対に何もしないからウチに来なよ」より、「絶対にヤるからウチに来なよ」のほうが、すがすがしいよね（笑）※10

ルナ　はいはい。じゃあこれも定番なんだけど、言っていいですか。「好きだよ」

お琴　え、「好きだよ」って、信じちゃいけないんですか!?

ルナ　「好きだよ」と、あと「会いたい」。

お琴　え、ちょっと、ちょっと……？

ルナ　これ、意味合いをちょっと確認したいんですけど……付き合ってない人に言われる「好きだよ」って、「じゃあ付き合えよ！」なんですよ、さっきと同じで。

お琴　あぁ……たしかに！

ルナ　これね、闇ワードです。**「会いたい」って言葉も、「したい」の隠語**です。「終わったら帰ってくれたらうれしいな〜」っていうのが、翻訳です！

罪悪感を軽くするための嘘

お琴　なるほど〜（笑）　じゃあ、はい！　**「好きだけど別れよう」**

ルナ　ねぇ〜、意味わかんない!!　「なんの病気を持ってるん!?」っていう（笑）

お琴　意味わかんないよね、これ（笑）　好きなら別れなきゃいいじゃん、付き合ってればいいじゃん。

ルナ　こういう人いるよね。

お琴　はい、私、ありま〜す！

※9　「こういう言い方されると、私は萎えてしまうからホテルに行きません。でも行ったら98％そうなるだろうと思ってます」（ルナ）

※10　もしそう言われたなら？「まあ行きたくはないな（笑）」（ルナ）、「行かないです（笑）」（お琴）なので、男性は本気にしないこと。

ルナ え、言われたことあるの!? なんて言ったの?
お琴 え……「そうだね～」って、あはは(笑)
ルナ まんまと!(笑)
お琴 でもね、もう、なんか言えなかった(笑)
ルナ なんだろう、ドラマチックに終われるのかな、気持ちとしては。
お琴 あぁ～
ルナ でも、引きずるくない? 後々……。
お琴 いや、引きずるよ? 引きずる、引きずる。でも、その人は結局、浮気っていうか、**二股をしていた人**だったのでね……そういうことですよ! だから、嘘なんですよ。「好きだけど別れよう」とか、嘘です!
ルナ 自分の罪悪感を消すための言葉なんだ!
お琴 消すための言葉だし、綺麗にこの場を終わらせたいっていう願望の表れ!
ルナ ヤバい、闇だわ……。じゃあ、ちょっと1個、変わったやつを入れていいですか? **「今、家出た」**
お琴 あはは(笑) ごめん、超わかる!
ルナ 検索して調べているときに、これを書いている人いないかなって見たら、書いてくれている人がいて。その意味としては、「今シャワー浴びた」らしいよ(笑) ※11
お琴 ちょっとわかる(笑)
ルナ これは、信用できない! 「もう着くわ」も信用できない(笑)
お琴 それも信用できない(笑)
ルナ 本当に近いなら、着くほうが早いもんね(笑)
お琴 これ、自分もやるときあるんだよ……。
ルナ 私もめっちゃやる(笑) じゃあこれは? お家に誘うときの謳い文句なんですけど、「○○の映画観た? 観に行こうよ」って、家にね、「ネトフリとかで観ようよ」っていう。
お琴 はいはい。
ルナ これ、現在、上映中の映画とかじゃなくって、昔の映画ってことはもう、そういうので観るってことじゃないですか。家とかで観る。上映中だったら、デートじゃないですか。そこの違いで、信用できない! 映画が観たいっていうよりは、もう……アレでしょ。

※11 本当にシャワーを浴びていたら到着時間は相当に遅れてしまうけど…「道に迷っちゃった、とかでごまかすのかな(笑)」(ルナ)

お琴　あぁ〜たしかにそうだね。
ルナ　信用できません！
お琴　結局それってさ、アメリカでいう『**Netflix&chill**』※12ってことだね。
ルナ　そうそう。
お琴　じゃあ、はい。**「将来を考えているから、まだそんなすぐには答えを出せない」**ルナ　も〜、この言葉、大っ嫌い!!　でも、これもハマらせる男がよく言う言葉ですね。
ルナ　これもハマらせる男が使うワードです。
お琴　「将来を考えているから」って……誰との？　私じゃないよね？　ってことですね。

さあ、話は下ネタに入ります

お琴　あ、今思いついたやつ、言っていい？　「俺、チンコ、デカいから」っていう(笑)
ルナ　……!!(笑)　そんな人……いる!?
お琴　ちょっとダイレクトに言い過ぎたけど(笑)　「俺、結構でかいんだよね」っていう人！(笑)
ルナ　そんなヤツ、いる!?(笑)
お琴　あれ!?　経験ない!?　あ、じゃあ、わかった!!　「俺、うまいよ?」は？
ルナ　あ！　「俺、絶対イカせるから」は？　これ、どうなの!?　不信感を抱いちゃうんだけど……。
お琴　「俺、・・・・・・・・・イカせた女はいない」は？
ルナ　え、「イカせた女はいない」!?　そんなヤツいる!?(笑)　「誰もイカせないから、絶対！」って(笑)
お琴　あはは、めっちゃダサいな(笑)　ごめん、**「イカせられなかった女はいない」**だ。
ルナ　これは、「ん!?」って思っちゃう。本当だとしても、怪しい……。
お琴　怪しいっていうか、その人は本当に全員イカせられたと思っているんだろうけど、女の子は絶対に演技してるときがあると思う。
ルナ　はいはい、そうだね！
お琴　**男は気づいてないだけ。**
ルナ　わかる〜！　絶対そうだね。これは、いいこと言ったんじゃない？　どのタイミングで思い出したのか、ちょっと聞きたいけども(笑)　もう、その後に言うのはイヤだな……これ、ラストなんですけど。「太

※12　英語圏で使われるスラング。直訳するなら「ネットフリックスを見ながらのんびりしない？」だが、実際には「イチャイチャしない？」と性的な行為の誘い文句として使われている。

ってないよ」「女の子はそれくらいのほうがいいよ」はどうなんだろうね……。
お琴 確かに……そうなのかもしれないけど、たぶん本音でも言っている気がするんだよね。これを言われたら、なんか「この人、本当に優しいな」と思うよね。
ルナ じゃあ、これを不信感ワードに入れるのはかわいそうだから、排除しよっか。
お琴 排除しよう(笑)
ルナ もう、チンコのサイズのやつで終わらせよう(笑)
お琴 あはは(笑) はい、ということで……ちょっと、これはネットで「信じてはいけない女の言葉」みたいなのを調べたら、出てきたんですよ。結構ね、これも面白くて。
ルナ え、聞きたい！
お琴 じゃあ、いいですか、いきますよ。**「経験人数は3人くらいかな」**
ルナ ……！(笑) もうこれは定番ですね。3人、5人、7人とか、**奇数を言うやつは怪しい**から！※13
お琴 次も同じ感じなんですけど、「付き合った人数は3人ぐらいかな」
ルナ うわー、なるほどね。
お琴 はい、次にいきますよ。「私、付き合った人としかヤらない」
ルナ うわぁ～。「あれ、○○ちゃん、この前……」ってなるよね(笑) 隣の子はそうやって聞いているってことがある。
お琴 はい。次、**「イケメンは苦手」**。
ルナ うわっ(笑) わかる。だけど、そんな言葉、言う人いる!?
お琴 いるよ、いる！
ルナ いるかぁ～。今のはちょっとかわいく言っているからあれだけど、普通に「イケメンって苦手なんだよね～」とか……
お琴 それとか「イケメンって、私はそんなに好きじゃないんだよね～」みたいな子、いるじゃん。
ルナ そういう子って、この言葉を使ってイケメンにちょっかいを出しにいっているよね。
お琴 なるほどね！
ルナ イケメンって、褒められることに慣れているから、わざとちょっとそういうことをして気を引こうっていう子も、中にはいるね。本当に言っている子もいるかもしれないけど。

※13 嘘をつくときはキリがいい数字を避ける傾向にあるといわれる。キリが悪いほうが信ぴょう性が高いという心理的作用のためだという。「嘘の5・3・8」という言葉もある。

お琴　本当に言っている子もいると思う……昔の私です。じゃあ次、**「ごはん、なんでも合わせるよ」、「なんでもいいよ」。**

ルナ　うわぁ～、これは言ったなぁってなるね（笑）

お琴　そうそう。

ルナ　「なんでも」は嘘！

お琴　「なんでも」は嘘です。はい、最後ね。これも結構あるあるだと思います。**「絶対に怒らないから言って？」**

ルナ　これ、私も女の子で一番最初に思いつくやつ！「絶対に怒らないから」は、嘘！たとえその場で本当に怒ったりしなくても、一番恨みに持ってるもん。根に持つよね。

お琴　根に持つよね！

adulttalk 神回③位

マッチングアプリの達人・ダスキン登場！男女ともに学びが多いが、闇も深い

#14【神回】初ゲスト！マッチングアプリのプロによるテクニック＆聞く防災訓練 ※男女必見

ルナ　今回は、ルナとお琴と、なんと今日はスペシャルゲストをお呼びしました！

お琴　マッチングアプリ※1のプロフェッショナル、ダスキン※2です！

ダスキン　こんばんは、はじめまして。ダスキンです！

お琴　来た、来た（笑）第1回を聞いていただいた方ならですね、知っていると思うんですけど……私のお友だちにマッチングアプリのプロがいるっていう話をしていまして……。

ルナ　ヤバい人がおるっていう（笑）

お琴　これ、結構ね、反響がすごくて（笑）

ルナ　会いたかったんですよ、私も！

お琴　なので、今日はダスキンをお呼びしました！

※1　登録会員数がもっとも多いとされるのが「Pairs（ペアーズ）」で2000万人以上とされる。婚活向け、デート向けが大半を占めるが、既婚者向けや性的嗜好に特化したマッチングアプリもある。

※2　名前の由来は特になく、ほぼ思いつき。

ルナ　はい！　ということで、今日はこの3人でやっていきたいと思います！　それでは、早速いつも通り乾杯をしましょうか、はい、かんぱぁい〜！

お琴　新鮮だね、3人でやるの（笑）

ルナ　緊張しちゃうんだけど（笑）

ダスキン　お琴に一番最初に……文句を言いたいことがあって。

お琴　お、何々？　早速!?（笑）

ダスキン　**『マッチングアプリのプロ』って、こんな恥ずかしい称号ない**からね!?　とんでもない罪を背負わせやがって（笑）

お琴　え、しょうがなくない!?　真実を述べただけであって……（笑）

ルナ　でもね、結構、反響があって……女の子からなんだけど、「あの手口をやられたら、私は　行っちゃうわ」っていう子がね、何人かいたの（笑）

お琴　いや、「いっちゃうわ」って言い方はよくないよ、マジで（笑）

ダスキン　こっそり、LINE教えてもらっていい？（笑）※3

ルナ　あはは（笑）　さぁ、最低な流れで始まりましたけども、早速聞きたいことありますか？

お琴　もう、すごくいっぱいある（笑）

ルナ　え、何を聞きたい？

この1年間で抱いた女性の人数は

お琴　まず、本当にダイレクトに……**マッチングアプリで会った人数、抱いた人数を聞きたい**（笑）

ルナ　知りたい！（笑）

ダスキン　それは、本当のことを言わないとダメなやつ!?

お琴　え、何しに来てんのよ、今日（笑）

ルナ　もちろん、言っていただいて……（笑）

ダスキン　じゃあ、正直に言うね。かれこれ1年ちょっとぐらいアプリをやってるんだけど……数えてない。わかんない。

お琴　なんかヤバそうだね（笑）

※3　実際にLINEを聞かれ、当時は珍しかった〝レモンサワーが蛇口から出る〟というお店に誘われたことを#49「マッチングアプリ」の回で明かしている。「そういった〝コンセプト〟ありのお店に誘うのは慣れているなって思いました。でも私、お酒の中で唯一レモンサワーだけは好きじゃなくって（笑）ラインは既読をつけてそのまま閉じました」（ルナ）

ルナ　会った人数は覚えてない？

ダスキン　正直ね、もう、**抱いた数もわかんない。**

ルナ　じゃあ、抱けたっていう勝率みたいなものは？

ダスキン　あ、それはわかるわ！

お琴　じゃあ、会った人数と、そこから抱けた人数の勝率は？

ダスキン　肌感覚の割合みたいなことね？　会って、それでも**抱けなかったのは、２人。**

ルナ　待って、ヤバくない⁉(笑)

ダスキン　あとは、**全部抱けた！**(笑)

ルナ　抱けた人数じゃなくて、抱けなかった人数⁉(笑)

ダスキン　抱けなかったのは、２人。もう、忘れもしない……。

ルナ　おめでとうございます、そのおふたり(笑)

お琴　でも、めっちゃ記憶に残るだろうね、その２人は(笑)　ヤッた人数のほうは覚えてない？

ダスキン　うん、もうわかんない……。

ルナ　え、サイテーなんだけど(笑)

お琴　え、じゃあその中でさ、リピートはどれぐらい？

ダスキン　結構ある……っていうか、むしろリピートは、必ずぐらいチャレンジはする。

ルナ　あ、そうなんだ！　チャレンジして……。

ダスキン　ズルズルいくタイプの子と、**夢から覚める女の子がいる。**

お琴　どっちの割合が多いの？

ダスキン　覚めない子が７割ぐらい。

お琴　え、じゃあ結構リピートするってことだよね？

ダスキン　うん、いける、いける。

ルナ　いや、みんな夢を見すぎだろ(笑)

お琴　なんかその夢を見てる子ってさ、将来はダスキンと付き合えるのかなって思ってるのかな？

ルナ　あ、たしかに……。

お琴　それとも割り切って「セフレです」みたいな？

ダスキン　いや、**割り切ってる子は全然いないよ。**

お琴　え、じゃあみんな好きってこと？

ダスキン　うん。本当に1回、夢を見ました。で、付き合いたいと思う子が半分ぐらいで、付き合ってるって思う子が半分ぐらい。

ルナ&お琴　付き合ってるって思ってるの!?

ダスキン　……そうみたい。

お琴　え、罪深いよ、この人(笑)※4

ルナ　お琴、誰を呼んでるの!?　マジで(笑)

ダスキン　でも、好きとか言ったこともないし、付き合おうって言ったこともないよ。

お琴　やっぱり勘違いしちゃう子が多いってことだよね。

ルナ　え、言ってないのに付き合うって、どんな状況!?

どの女性にも同じメッセージ、同じ行動

ルナ　なんか、闇が深そうだけど、今回は「マッチングアプリのプロ」だから、テクがあるってことで……。

お琴　私が1回目のときにもさらっと言ったんだけど、おさらいじゃないけど、そのテクを聞きたい！

ルナ　もう、教えてほしい！　あ、教わりたいわけじゃないんだけど(笑)テクをちょっと聞きたいよね。

ダスキン　まぁ、傾向と対策として、こういう男には気をつけてってていう、ね。

お琴　そうそう、対策として！

ルナ　まず、ざっくりどんな流れ？

ダスキン　マッチングしてから、実際にいたしますよっていうところまでは、ちゃんとテッパンがあって、**同じことの繰り返し。**

お琴　ルーティン？

ダスキン　そう、ルーティン。

ルナ　え、なんかヤダ(笑)

ダスキン　流れとしては、マッチングします、メッセージをします、電話をします、その電話の前後でLINEを交換しておきます、で、会います。その後はたしか、お琴が話してたよね。1軒目で飯を食って、2軒目

※4　こうして抱きまくっている男性がいる一方で、20代男性の童貞率は約40％という調査が。ちなみに20代女性の処女率は約20％。

でバーに行って、手を繋いで家まで帰りますよ※5っていう……。
ルナ　あぁ、そういう流れなんだ。
ダスキン　まぁその中で、例えばマッチングまでにここに気を付けるとか、メッセージでこれを気を付けるとかは、一応ある。
お琴　おぉー！　じゃあ、それを深掘っていこうよ。
ルナ　じゃあ、まずはマッチング！
ダスキン　マッチングするまで？
ルナ　だって、まずは女の子の何を見るの？　ちゃんと選んでるの？
ダスキン　ちゃんと選んでる！
お琴　あ、選んでるんだ!?
ダスキン　うん、**写真だけ見る。**
ルナ　ビジュアルで、好みをちゃんと選んでるんだ……。
ダスキン　そう。結局ね、熱意がないとやってられないから！　ちゃんと好みのかわいい子じゃないと、途中でモチベーションが下がってダレちゃうんよ(笑)
お琴　モチベーションが、ね(笑)
ルナ　意識高いな(笑)
ダスキン　ちゃんと自分のモチベーションを高めて、ストイックにいける子を、俺はちゃんと選んでる！
ルナ　プロフィールの文章※6は読まないの？
ダスキン　流し読みはするよ？
お琴　あんまり見ないんだ!?
ルナ　ほら、やっぱりあまり関係ないんだ、顔なんだ。※7
ダスキン　顔！

マッチ確率は通常の約8倍

お琴　あと、マッチってさ、男性でも結構するもんなの？
ルナ　あ、たしかに！

※5　ここでいう「家まで帰る」はいわゆる「お持ち帰り」を意味する。

※6　本書では2人のマッチングアプリのプロフィールの一部も特別公開。ルナはP90、お琴はP138に掲載！

※7　ちなみに2人の判断基準は、「性格なんて会わないとわからないので！　顔と年収と身長と、よく出歩くとこ(笑)」(ルナ)、「共通点が多い人かな。趣味とか出身とか留学したことあるとか！」(お琴)

お琴　女性って、結構マッチするやん？　一応、需要もあるから。でも、男性ってどれぐらいマッチするの？

ダスキン　たぶん、普通にしてたら……友だちに聞いた話だと、10人とか15人に送って、1人か2人。

ルナ　少ない……。

ダスキン　厳しい世界。やっぱり女性側が選ぶっていう形になってるんだけど※8、ただ、それを高める方法はいくらでもあるから。ちゃんと努力すれば、2分の1ぐらいまではいける。**俺も、いけて50％**だわ。

お琴　すごくない？　15分の1から、2分の1まで持っていけるってこと⁉

ダスキン　50％までは、いける。

ルナ　なんかさ……声がいいのか、話し方なのか、わかんないけど、変な説得力ない⁉（笑）

ダスキン　あはは（笑）

ルナ　ウチ、今、怖いよ（笑）

お琴　マッチを高めるテクって聞いてもいいのかな？

ダスキン　まず大前提として、写真と……あと、自己紹介。結構、女性って自己紹介を読んでるんだよね？

ルナ　読んでる！

ダスキン　読んでるらしいから、そこは別にやり方はいくらでもネットに書いてあるから、それを参考にして。一番いいのは、**女友だちに添削してもらう**こと。

ルナ　あぁ～、ちゃんと女の目で、ね。

ダスキン　そう。俺も昔、トモダチに聞いた（笑）

ルナ　あれ、なんで笑ってんの？

お琴　あ、そういう「おトモダチ」ね（笑）

ダスキン　そうそう。昔、あの……親密にしてた「トモダチ」に（笑）添削をしてもらった。

ルナ　ちなみに、今の自分のプロフィール文っていうのは……結構、丁寧に、ガチで「恋人が欲しくてやってます！」みたいな感じなの？

ダスキン　え、ちょっと見直すね。どんなこと書いてるかな……。えっとね……「昨年夏に遠距離恋愛をしていた彼女とお別れして、マッチングアプリに初挑戦してみました」って書いてある（笑）

ルナ　**嘘じゃん！**（笑）

ダスキン　いや、初挑戦は本当だから！（笑）　1年前に始めて、ずっと初挑戦が続いてるだけ、全部、本当！

※8　登録の男女比は、マッチングアプリによって多少の差はあるが、おおむね男性70％、女性30％とされる。圧倒的に男性が多い。

ルナ　誰でも書けるやん(笑)
お琴　あ、でもめっちゃ長文だね。
ダスキン　しっかり書いてんの。
ルナ　ちょっと待って、「恋愛」「仕事」「趣味」と……あと、「おまけ」!?
ダスキン　「おまけ」は……子どもを抱っこしてる写真。もちろん、子どもの顔は隠してるんだけど……たまに「え、シングルファザー!?」って勘違いされるパターンがあるから、仲がいい友だちの子どもだよって、ちゃんと表に書いてる。
お琴　ヤバい！
ルナ　あざとい！
ダスキン　でも本当に、写真は子どもか犬を抱いておけばＯＫ(笑)※9
ルナ　うわ〜。でも女の子は、そういうの好きやな(笑)　写真は何枚、登録してる？
ダスキン　え、何枚だろう……1、2、3、4。うち1枚は、趣味のバイクの写真だね。
ルナ　なるほどね……うまくない!?　今、写真をざっと見たけどさ、趣味のちょっとかっこいい感じと、バイクと、子どもと……。
ダスキン　あとは飲み会の、素の写真の一部分、みたいな。
ルナ　うわ〜、あざとっ！
お琴　なんかこれ、ちょうどいいね、このプロフィール(笑)
ルナ　悔しながら、ちょうどいいと思っちゃうね(笑)
ダスキン　うん。マッチングするときに、結構、褒められることが多い。「自己紹介文を見て、面白いと思いました〜」とか……。
ルナ　はいはい。
ダスキン　**「優しそうな人だな〜と思って、いいねしちゃいました」**みたいな……**もう、しめしめ。**
お琴　うわぁ〜(笑)　もう、みんな気をつけて！(笑)
ルナ　もう、本当は「要注意」って言って、この画面を見せたいよね(笑)
ダスキン　絶対ダメ!!(笑)
ルナ　この人はダスキンっていって、絶対ダメだからねって(笑)

※9　一般的に子ども好き、動物好きな男性は、優しそうに思われ、好感度が高い上に、目を惹きつけやすい効果もある。

スパムアカウントは俺のエサ

ダスキン　プロフィールで一番大事なのが……アプリによると思うんだけど、俺のやってるアプリは、女の子から受けた「いいね」の数が出てるのね。この、**「いいね」の数が、めちゃめちゃ大事！**

ルナ　周りからの評価ってこと？

ダスキン　結局、女性って、優しい人が好きなわけでも、かっこいい人が好きなわけでもないの。**モテてる人が好きなの。**

お琴　なるほど～！　これ、ヤバい(笑)

ダスキン　「いいね」の増やし方もいっぱいあって、課金して表示されやすくなりますっていうのもあるし、あとは俺が絶対やってるのが……たまにスパムみたいなアカウントがあるじゃん。

ルナ　うん、うん。

ダスキン　すごいセクシーな外国の女の人がいて、LINEが書いてあって、「会いましょう」みたいな。こういうのって、大概はLINEを交換したら、別のサイト※10に誘導されるってやつなんだけど。そのスパムアカウントって、騙すのに必死だから、**こっちから「いいね」を押したら絶対に返してくれる**わけ。

ルナ　なるほど～!!

ダスキン　だから、スパムアカウントにも「いいね」を送る。わかった上でね。で、「いいね」を返してもらって、俺のプロフィールの下の「いいね」の数が増えていく！

ルナ　スパムの有効活用がすごい(笑)

ダスキン　そう。騙してるつもりなのかもしれないけど、あんなのは俺のエサに過ぎないから(笑)

ルナ　あはは(笑)

お琴　なんか言うてますわ、マジで(笑)

ダスキン　だから、大事なのは「いいね」の数が多いことね。

お琴　やばい、まだマッチまでしかいってないからね(笑)　すごいわ……おもしろい！

ルナ　じゃあ、マッチして……メッセだね、今度は。メッセージって、自分から送る？

ダスキン　うん、一応、送る。

ルナ　それは、どんな感じで送るの？

※10　男性に対しては、女性がLINEの交換をすぐに求めてくるケースが多い。誘導先は詐欺サイト、詐欺の投資口座、営業目的のサイトなど。マルチ商法のトラブルも多いので要注意。

ダスキン　超普通よ。「はじめまして、よければ仲良くしてください（絵文字）」ぐらい。
お琴　え、それだけ!?
ダスキン　うん、終わり。
ルナ　それ、返ってこない可能性、高くない？
ダスキン　あぁ……でもごめん、若干、マッチまでとカブるんだけど、返ってこない理由を教えるわ。
お琴　何!?（笑）
ルナ　おう、おう（笑）
ダスキン　あのね、なんでかっていうと……メッセージが続かないっていう男は多いんだけど、理由があって。結局、メッセージって無難なことしか送れないじゃん。「はじめまして」「仲良くしてください」「お休みはいつですか」とか、「お仕事は何をされてるんですか」。
お琴　はい、はい。
ダスキン　これで女性から返ってこなくなるのは、**この定番に飽きちゃうから**。何人もの男とマッチングして、みんなと同じやり取りを繰り返すから、5人目、6人目にもなると飽きて、返さなくなっちゃうよね。
ルナ　なるほど※11。
ダスキン　だから、**飽きる前に出会えばいい！**
ルナ　え……というと？
ダスキン　その方法があって……俺がやってるアプリは、普通の会員だと月に4000円かかるんだけど、プラス4000円を払えばプレミアム会員になれて、女の子を探すときに、「登録が新しい順」で探せるの。
ルナ　あぁ〜!!
ダスキン　だから、登録したての子に「いいね」を送る。
お琴　そうか、まだ免疫がないから……。
ダスキン　「はじめまして」も「仲良くしてください」も「お酒好きですか？」も、「いつもはどこで飲んでるんですか」も、相手にとって初めての質問になるから、ちゃんと返ってくる。
お琴　ターゲットを……すごい!!
ルナ　ヤバい、なんだ、この人（笑）　すごい人に見えてきたぞ（笑）
お琴　確かに、始めたてのほうが、メッセージを返してた……。

※11　ダスキンのこの説に2人とも納得。「飽きっぽいから自分から送った人にしか返していません」（ルナ）、「最近は暇で誰かと話したいときだけ返しています（笑）」（お琴）

ダスキン　でしょ？　だって、飽きてないもん。

電話までこぎつけたら勝ちが見える

ルナ　この話は絶対しないとか、この話は絶対するとか、そういうこだわりはあるの？

ダスキン　全く、ない。

ルナ　ないんだ!?

ダスキン　本当に、無難な話でいいの。正直、マッチングしてる時点で向こうは「いい人ではあるかな～」ぐらいに思ってるから、減点されないための時間にすぎないから、**早めに次の「電話」に移る。**

お琴　おぉ、メッセの次がもう、電話なんだ。

ルナ　この電話でも、前回ちょっとざわついてさ(笑)

お琴　ありましたね(笑)「電話してくるヤツはマジで自己中だから」って(笑)

ダスキン　あはは(笑)

ルナ　でも、電話ってさ、みんなしてくれるもん？

ダスキン　いける、いける。俺、電話の誘い方は2択あって。ひとつは、この子はノリが軽い子だなとか、返信が早いかなと思ったら、「1回、電話しよう」って普通に言う。あと、真面目そうな感じで、慎重な子だなって思ったら、テッパンのメッセージがあって……「**僕、こういうアプリに慣れてなくて、メッセージだけで仲良くなれるか不安なんで、よければ一度通話しませんか？**」、これでいける！

ルナ　待て、待て……上手いぞ……言い回しが上手い。

お琴　上手いな～。だって、ガチ感がすごいもん、それを言われたら。

ルナ　ちょっとイヤなんだけど……そんな「慣れてない」とか言ってるヤツがめっちゃ送ってるんでしょ(笑)

お琴　もう、怖いよ～(笑)

ルナ　電話をしてくれる人って、何割ぐらい？　メッセから電話に移行できるのは……。

ダスキン　結構、ここで絞られる……3分の1か、4分の1ぐらい。

お琴　そうなんだ!?

ダスキン　マジ、マジ。どれだけ早く、自分がマッチングして、メッセージを送っても、やっぱりそれでも俺より年収がありますとか、かっこいい人とかには負けちゃうから※12、電話までで結構、削られるね。マ

※12　プロフィールを偽って掲載しているケースは多いと思われる。たとえば年収。20代～30代男性の年収のボリュームゾーンは300万～400万円のはずだが、あるマッチングアプリではボリュームゾーンは600万～800万円。開きがあり過ぎ……。

ッチングまでで半分、電話までいけるかで3分の1から4分の1。

ルナ　でも逆に言えば、電話まで残ってる子って、結構、勝率が……もう、見えてるよね。

ダスキン　正直、ね。

お琴　電話って結構、体力を使うやん、こっちも。

ダスキン　緊張するし、ね。

お琴　それでも電話するっていうってことはさ、ある程度、「いいな」って思ってくれてるから電話するわけで、電話までいったら、確かに強いよね。

ダスキン　あと、始めたての子って、結構ドキドキしてて、モチベーションも一番高いからね。

ルナ　新しい出会いをしたくて、始めてるわけだからね。

ダスキン　だから、「仲良くなりたいです」「電話したいです」って言ったら、「じゃあ1回ぐらいしてみるか」ってなるのかもね。

ルナ　初めての電話は、何分ぐらいするわけ？

ダスキン　これ、**1、2時間は平気でいく。**

ルナ　え、長っ!!

ダスキン　なぜかというと……俺、電話、めちゃめちゃ、上手い。

ルナ&お琴　あはは(笑)　ウザッ！

ダスキン　電話って……俺、実は仕事で営業をしてるんだけど、その商談と一緒で、やればやるほど上手くなる。自分のテッパンを1回見つけてしまえば、同じことや同じネタ、同じエピソードを話すだけだから。

ルナ　え、待って！　毎回、女の子に同じ話をしてるわけ!?　飽きないの!?

ダスキン　いや、**超飽きるよ。もう、仕事、仕事(笑)**

お琴　マジで!?

ルナ相手に鉄板トークを試してみた

ダスキン　テッパンのやり取りをひとつするわ。じゃあ、ルナにするわ。

お琴　ちょっとヤバい、おもしろい(笑)

ダスキン　電話が繋がって、ちょっと挨拶をして、恋愛の話になりました。

ルナ　ＯＫ、ＯＫ。はい。

ダスキン　え、ルナちゃんは、好きな男性のタイプとかあるの？

ルナ　好きな男性のタイプ……なんだろうなぁ。

ダスキン　優しいとか、面白いとか？

ルナ　でも、優しいとか面白い人は好きかも。

ダスキン　あ、優しい人か〜！　**俺、実は口からマイナスイオン**※13**を出せるから**、いつでも言って！

ルナ　……（苦笑）

ダスキン　で、ひとつが「優しい」ね。もう１個は？

ルナ　……「面白い」。

ダスキン　あ〜よかった！　**俺、実はM－1グランプリの準決勝までいった！**

ルナ　え、どういうこと⁉

ダスキン　M－１グランプリの準決勝までいって、霜降り明星に負けて、終わった。

ルナ　え、ちょっと待って？　どういうこと⁉

ダスキン　っていう……お琴、傍から聞いてたら全然面白くないだろ？　この会話。でも、このぐらいのぬるま湯が、ちょうどいいの、マジで！

お琴　え、そのM－１のネタは何？

ダスキン　うん、嘘。で、口からマイナスイオンが出るのも、嘘。

ルナ　いや、知ってるわ！（笑）何を説明してるの（笑）

ダスキン　そんな感じで、「誠実な人がいい」と言われたら、「俺、日本誠実検定の準２級を持ってるんだよね」みたいな。

お琴　え、私、それはなんか聞いたことあるな……。

ルナ　どっかで言われたんじゃない⁉（笑）

ダスキン　口説いてねーよ！（笑）

お琴　あはは（笑）

ダスキン　でも、これには理由があって……メッセージまでは、俺は絶対に敬語なの。でも、年が同じぐらいの子が多いから、「はじめまして」って電話して、早い段階でタメ口に切り替えるのね。だから、直前ま

※13　マイナスイオンとは、空気中に存在する負の電荷を帯びた分子の集合体のこと。森や滝の近く、雨上がりなどに多く存在しているとされる。その効果については、科学的根拠はないという説もある。

ではメッセージで丁寧に「お休みの日は何をされてるんですか?」とか、「よければ、仲良くなりたいので、一度お電話したいです」というかたいイメージが残ってるから、「面白いこと言おうとしてくれてるんだな」ぐらいに思ってくれる。

ルナ たしかに、いい人そうって思っちゃったわ、今……面白いかは別として(笑)

お琴 **いや、全然面白くなかった!(笑)**

ダスキン これ、毎回ね、全然スベったことないんだけどね……初めてスベったかもしれない。

最後の決め手はモーニングコール

ルナ ちなみに、この電話を1回したら、もう会うってこと?

ダスキン うん、1回目の電話で絶対に会う約束までする。

お琴 あ〜、うまいね。

ダスキン 電話の切り際にさらっと。電話の会話の途中で、相手の休みの日とか、どこら辺に住んでるとか、なんとなくリサーチしておいて、最後に「じゃあ、いついつ遊ぼ?」「ごはん行こ?」って。

ルナ なるほど、次に繋いであげる、と。そしたらもう、「会う」になるの?

ダスキン 会う、になる。

ルナ ヤバ、テンポ良くない?

お琴 やっぱり、電話までいったら、勝ち確じゃない?

ダスキン 結構、いける。で、電話のあとにもうひとつだけテクニックがあって。これ、やると、諸刃の剣だから、やるやらないは半々なんだけど……。

ルナ うん。

ダスキン 2時間くらい電話したら、結構、遅くなっちゃうよね。夜12時とか1時とか。で、「**ちょっと翌朝に予定があるから、朝、電話して起こして?**」って。モーニングコールしてって言うの。

ルナ それ、女の子は「いいよ」って言うの?

ダスキン 「いいよ」って言うだろうなって子だけに、言う。電話のやり取りで温度感が高かったら、いけるなと思って、頼む。

ルナ ……もう、今ね、お琴と私は「何やってんだ、その女」って思ってる(笑)

ダスキン　いや、でも、本当にこれにはちゃんと理由があって、内田樹先生※14っていう、人文学者の先生がいるんだけど……。

ルナ　え、誰!?(笑)

ダスキン　『日本辺境論』※15っていう、金字塔みたいな新書があるのね。その中で、**「相手を口説きたいと思ったら、尽くしちゃいけない、尽くさせろ」**って。

ルナ&お琴　うわ～!!(笑)

ダスキン　特に女性はその傾向が強くて。「好きだから、これをしてあげる」っていうのが普通じゃん。好きだからごはんをつくってあげるとか、好きだから洗濯してあげるとか。でも逆で、お願いされて**「してあげる」「してあげる」を繰り返すと、「この人、好きだ」って錯覚していく**の。

ルナ　あぁ……！　でも、これはなんか、私たちの『モテる男女』のエピソードでさ、「頼みごとをする」っていうくだりもあったじゃん。それと似てるよね。

ダスキン　へぇ～。

ルナ　会うときには、何かある？　なんか、お決まりみたいな。

ダスキン　会うときは、自分の最寄り駅の近くで会う(笑)※16

ルナ　でも、相手の最寄り駅も知ったうえで、そこで集合するの？

ダスキン　うん、来る、来る。

ルナ　来るんだ……!?

ダスキン　単純に「会社の先輩と一緒に行って、ちょっとまた行きたい店があって……そこでいい？」って聞くと、大概「大丈夫だよ」って。

お琴　だってウチらもアレじゃん、どこのエピソードで話したか忘れちゃったけど、「何食べたい？」とか聞かれるよりも決めてくれたほうが、話が早くていいって……。※17

ルナ　あ、そうだ！

ダスキン　あ、でも、**「嫌いな食べ物を聞いて」**ってあったじゃん。それはちゃんと、参考にしてる！

お琴　逆に、ね(笑)

ダスキン　自分の最寄り駅の近くの肉バルなんだけど、そこを提案する前にちゃんと嫌いなものは聞いてる！　でも、肉が嫌いな子はいないから……。

※14　名前の読みはうちだたつる。フランス文学者、武道家、思想家、エッセイストなど様々な分野で活躍。神戸女学院大学名誉教授。著作は数多く、『ためらいの倫理学』、『日本辺境論』などが有名。

※15　2009年に新潮社新書より刊行された内田樹による日本人論。2010年の新書大賞を受賞。

※16　「自宅にお持ち帰りしやすいようにするためのテクニックです」(ルナ)

※17　『#9 好きな女性を振り向かせるテクニック』ではお琴が「好きな食べもの何？　これねダメ！　嫌いな食べ物ある？　これが正解」と、女性の本音を明かし、男性にアドバイス。

お琴　なるほど、頭いい！

ダスキン　パクチーとか、あとは「アレルギーでエビがダメ」※18って子とかはいるけど、じゃあそれ以外で、「あ、だったらぁ～、前に会社の先輩と行った肉バルがあって……」って。

お琴　完全に使われてる(笑)

ルナ　「だったらぁ～」じゃなくて、最初からそれなんだよ、この人は！(笑)

ダスキン　本当は決まってるんだけどね(笑)　でも、一応それは聞いてるわ、最近。

お琴&ルナ　与えてしまったわ……。

答えにくい質問にはキスで返す

ルナ　そこで会って……前に言ってた話だと、ごはんを食べて、2軒目にバーだっけ？

ダスキン　そうだね。カウンターで飲めるような……。

ルナ　そこでさ、前回お琴が……なんだっけ、頭を……。

ダスキン　**相手の髪のゴミを取るふりをして、髪の毛を触わる**(笑)

ルナ　マジでさ……いちいちセコいんよ、マジで(笑)

ダスキン　そう(笑)

お琴　「ゴミついてるよ～」って？(笑)

ダスキン　そう、「ゴミついてるよ～」っていうので、ダメだったら「ビクッ！」みたいな感じになるし、「ありがとう」って返してきたら、「あぁ、いけたな」ってなる。

ルナ　何、そのジャッジ(笑)　イヤなんだけど(笑)

ダスキン　2人だけダメだったって言ったじゃん……よけられた！

お琴　え、よけられたんだ!?

ダスキン　うん。で、「ありがとう」とか「ゴミついてて恥ずかしい～」って言う子は、みんな大丈夫。

ルナ　ヤバっ！　じゃあ、あながち間違いじゃないジャッジなんだね……。

お琴　すっごいね、ヤバい！　それ、よけた女の子は「えっ!?」みたいな感じだったってこと？

ダスキン　「え、怖っ！」みたいな。その時点で、俺も「あ、ダメだな」って思うから……。

ルナ　そうなんだ。会って、そういうことになって、女の子たちは「付き合いたいな」ってなる……よね？

※18　エビやカニなどに含まれるタンパク質・トロポミオシンが原因で起こるのが甲殻類アレルギー。じんましん、呼吸困難、嘔吐などの症状を引き起こす。重症になるとアナフィラキシーショックを引き起こすこともある。

ダスキン　なるのかな？　わかんない！　女の子じゃないから、わかんな〜い！（笑）
お琴　都合いいところだけ……（笑）
ルナ　「付き合いたい」とか言われないの？※19
お琴　家に連れて帰るわけじゃん。致す前にさ、「え、付き合わないの？」みたいな。
ダスキン　あ、**「付き合ってなきゃイヤ」**とか？
お琴　そうそう！
ダスキン　あるある、それ言われたことあるよ。ていうか、大概はそれを言う！
お琴　え、なんて返すの？
ダスキン　……**答えない。答えちゃダメ！**
お琴　え……？　どういうこと⁉　答えないんでしょ？　どうするの？
ダスキン　キスする。
ルナ&お琴　うわぁ〜〜〜（笑）
ダスキン　俺、このマッチングアプリに限らず、本当に20歳ぐらいからその返しにはずっと悩んでて（笑）「付き合うとかわかんないけど、今すごくドキドキしてるんだ」とか、「かわいいと思ってて、もう我慢できないんだ〜」とか、いろいろ言ってみたけど、全部、反応が微妙で……**結局、黙ってキスすりゃいいって、最近気づいた（笑）**
ルナ　行動のほうが早いんだ……。
ダスキン　早い。もう、返しちゃダメ、それは。
ルナ　そうなんだ、なるほどね。てか、今すごく思ったことがあったんだけど、そうやって関係を持って、向こうが惚れて、そういう子がいっぱいいるわけじゃん。でもさ、まだアプリをやってるわけでしょ。
ダスキン　やってるね。
ルナ　それさ、言われないの？　「なんでまだやってんの」って。
ダスキン　あぁ〜！　そうか！　ごめん、大事なこと言うの忘れてた！
ルナ　え、何⁉
ダスキン　アプリでマッチングして、電話の後ぐらいにLINEを交換するよね。
お琴　うん。

※19　ルナ、お琴は言うのか尋ねたところ、「私は行為と好意はイコールではないタイプなので言わないですね」（ルナ）、「言わないです。付き合いたいなら私はそもそもはっきりしないまま家に行きません」（お琴）

ダスキン 電話の前後ぐらいでLINEを交換したら、俺はすぐに、アプリ上で相手をブロックする。
ルナ アプリ上で？ え……あ、そうか！ アプリってブロックもできるんだ（笑）
ダスキン で、ブロックしたら、相手が俺のアカウントを見ようとしたら「**退会済みユーザーです**」って出る。
ルナ え、そうなの⁉
ダスキン アプリによって仕様は違うけど、俺がやってるアプリはそうなるし、大概のアプリはそうらしい。
ルナ え、ていうか、「退会済み」って出てくる人って、もしかしたら**退会済みじゃなくて……ブロック⁉**
ダスキン ブロックされているだけの可能性があるから、本当にアプリから付き合うなら、目の前で退会する瞬間を見ないとダメ！
お琴 それは、すごくいい情報だわ！
ダスキン 「いいね」の数を増やすために、アプリの仕様を調べて、自分の本アカとか、女のアカウントとかも作っていろいろ試した結果、これに気づいた！
お琴 君はさぁ……（笑）
ダスキン 自分で気づいた！ これマジでネットのどこにも書いてないからね。これに自分で気づいたの、すごくない⁉

adulttalk 神回④位

「モテるでしょ」と言われたときにどう返すのが正解なのかを考えた

#64 迷ったらコレを使え！？？「微妙な質問」解答集！！！

お琴 はい、今回のお題は……『迷ったらこれを使え！ 微妙な質問回答集』～!!
ルナ イエーイ！
お琴 なんか微妙に、「この質問をされたときに、なんて答えよう……」みたいなやつを、ふたりで出して、どう答えたらいいのかっていうのを、今回、トークしていこうと思っています。※1
ルナ 「迷ったら、これを使え！」っていう、ね。

※1 この不思議なテーマ設定は「たぶん、ダスキンの地震の話から思いついた気がする」（お琴）とのこと。この本では未収録だが同じ#64中で、地震が起こった際に女性との「大丈夫？」の安否確認LINEのやり取りの後に、どういうLINEを送るべきかというダスキンからの質問があったというエピソードが紹介されている。

お琴 そうそう。
ルナ よし、頑張ろう(笑) じゃあ、どれからいく?
お琴 えっとね……これは最近、私が体験した話なんですけど、すっぴんを相手に見せたときに……。
ルナ はい、初めて、ね。
お琴 私は結構、初めからすっぴんを見せないタイプなんだよね。ちょっともったいぶるタイプっていうか……そういう話をしたと思うんだけど(笑)
ルナ はいはい(笑)
お琴 で、見せたわけですよ、とある人に……。
ルナ そこも気になるけど(笑) ※2
お琴 で、とある人に見せたときに、**「すっぴん、変わらないね」って言われたの。**
ルナ あ〜、はいはい、なるほど!
お琴 でも、なんか、私的にそれって褒め言葉じゃないなと思ったのね。で、そういうときって、男性ってなんて答えるのが正解なのかなって(笑)
ルナ うわ〜! 男性、マジでかわいそう(笑) 男性は生きづらい世の中だな(笑)
お琴 まず、なんで「すっぴん、変わらないね」って言われたのが嬉しくなかったのかっていうと……自分でも**「すっぴん、変わるな〜」と思って生きてるし……。**
ルナ はい、はい。
お琴 だから「変わらないな」って言われちゃうと、「え、私、めっちゃお世辞を言われてんじゃん」って思うし。
ルナ あ、そういうこと?
お琴 なんか、相当フォローされているなって思っちゃう! プラスで、変えるために化粧をしてるのに……。
ルナ **かわいくなったはずなのに、「変わらない」ってどういうこと!?** ってことでしょ?
お琴 そういうこと!
ルナ これは、本当、女って面倒くさいんですよ……。でも、私はね、「変わらないね」は好き。
お琴 え、「変わらないね」が好きなんだ!?
ルナ でも、お琴もあんまり変わらないよね!? だって、今日もすっぴんでしょ?
お琴 うん。

※2 とある人とは、何度かトークに登場した(調べる)「手編みマフラーさん」です。その人とは体の関係ありきだけど、付き合ってはいないみたいな関係でした(笑)」(お琴)

変わる／変わらないの次元を超えろ

ルナ じゃあ、言われて嬉しいことを、まずは考えよう。
お琴 あぁ〜、すっぴんを見せたときに、ね。
ルナ 私は「え、変わらないじゃん！　なんか幼い。**こっちのほうが好きかな**」って言われるのが好き。
お琴 あぁ〜、いい褒め言葉っていうか……それ、たぶん本気で言ってる。
ルナ え？
お琴 「すっぴんのほうが幼い、かわいい、こっちのほうが好き」って、たぶん本気で言ってる気がする。だけど「すっぴん、変わらないね」って、結構、お世辞に聞こえない？　え、そんなことない⁉　考えすぎ⁉(笑)
ルナ え、変わらないから言ってるんじゃないの⁉
お琴 あ、でもひとつ言っていい⁉　すっぴんになったじゃん、でも**その後で化粧をするじゃん。「あ、めっちゃ変わるね」って言われた**(笑)※3
ルナ あははは(笑)
お琴 ヤバくない⁉(笑)
ルナ ……正直やわ〜(笑)
お琴 「じゃあ、さっきの言葉、お世辞やん……」ってなるやん(笑)
ルナ あはは(笑)　めっちゃおもろい……
お琴 だったら、すっぴんのときに「めっちゃ変わるね〜」って言ってくれたほうが、こっちも楽だし……(笑)
ルナ 私、今思ったんだけど……すっぴんになったときの言葉で「変わらないね」よりも、化粧したときに「めっちゃ変わるね！」のほうが、めっちゃ傷つく！
お琴 あはは(笑)
ルナ なんだろう、わかる⁉　「え、これ、ケンカ売ってる⁉」ってなる(笑)
お琴 確かに、確かに！　うん、そうだね(笑)
ルナ 「え、ケンカ売ってる⁉」って……。
お琴 「うわ、ケンカ売られた！」って(笑)　でも、私が言われて嬉しいなと思うのは、すっぴんとか化粧をしてるとかは関係なくて、「あ、すっぴんもかわいいね！」がいい！

※3 「すっぴん、変わらないね」と言った男性と同一人物(手編みマフラーさん)。「お泊りの翌朝のことでした(笑)」(お琴)

ルナ　あ、私も思った!!　すっぴんと化粧で変わるか、変わらないかだから、女と男でごちゃごちゃなるわけじゃない?　だから、「変わる」とか「変わらない」とか、あんまり使わないほうがいいんじゃない?

お琴　そう!　なんかもう、別物として……。

ルナ　「お、すっぴんもいいじゃん!」とか、化粧したら「あ、化粧したら大人っぽくて……」とか、「いいじゃん、どっちも好き～」って……。

お琴　そうだよね、それがやっぱり正解だわ。だから、別物として、褒める!

ルナ　そうだよね!

お琴　これ、正解ですよ。

ルナ　変わるか、変わらないかを議題にしちゃいけないんだよ、女性との間では。

お琴　あぁ～!

ルナ　かつ、すっぴんのときに「**それは他の人に見せちゃダメ**」って言えば、女の子は落ちます!(笑)

お琴　確かに……確かに!

ルナ　そんな気がする。

お琴　今の、すごくいい。さっきの、最後の言葉もめちゃくちゃいいな……。

ルナ　お、よし!　私、今日、持ってるぞ!(笑)

カレンちゃんは「あなたこそ」と返す

お琴　はい、じゃあ、「**モテるでしょ?**」って言われたときの、回答の仕方!

ルナ　これは……あるよね～!

お琴　これ、あるでしょ?　「モテるでしょ?」って言われてもさ、「なんて返せばいい!?」ってなるよね。

ルナ　これ、この前、ネットニュースにさ、滝沢カレンさん※4が番組で言ったセリフが取り上げられてて……。

お琴　うん。

ルナ　「モテるでしょ?」っていう人って、私たちが前に話した「え、イケメン!」の感覚と一緒。※5

お琴　はい、はい。

ルナ　「**私は好きじゃないけど**、周りから見たらそうなんじゃないの?」みたいなテンション。ちょっと、他人事感。

※4　モデル、タレント。1992年5月生まれ、AB型。2022年7月に一般男性と結婚したことを発表。「そちらこそ」と切り返す発言は2021年9月に放送された『オードリーと選の夜』(テレビ朝日系)でのもの。

※5　#10「女の本音」で話している。本書でもP79に掲載。

お琴　あ〜、なるほど。言いたいこと、わかるわ。
ルナ　だから、あまり嬉しくないよね。
お琴　まぁ、嬉しくないよね。なんか、褒め言葉っぽいけど、褒め言葉ではない気がする。
ルナ　そうそう。で、そう感じるから、**『私は『そちらこそ』って言うんです』**って書いてあったね。私のターンから、相手側のターンにする、みたいな。
お琴　なるほどね。
ルナ　で、「先に答えさせます」って書いてあって、なるほど〜と思った。
お琴　でもそれ、めっちゃいい答えじゃない？
ルナ　「モテるでしょ？」「いや、そっちこそ」……たしかに！　それで、相手の反応がどうかだよね。
お琴　そうだね〜。これ、いい答えだわ。相手に振り返す。
ルナ　けどさ、「モテるでしょ？」「いや、そっちこそ」「いやいやいや、話を変えないで？　俺が先に聞いたから！」って言うヤツ、いそうじゃない!?（笑）
お琴　いそう〜（笑）
ルナ　「話、変えないで！　俺が先に言ったから！」って（笑）
お琴　そういう人、いるよね〜（笑）わかる！
ルナ　何を求めて言ってるのか、わかんない。
お琴　でも、褒め言葉だと思って「モテるでしょ？」って言ってるんじゃないのかな。
ルナ　あ、ヨイショ※6なのか。
お琴　そうじゃないのかな？
ルナ　あ、じゃあ「**ヨイショッ!!**」って言うのは？（笑）
お琴　え、発音を変えただけだよね（笑）　イントネーションだよね、今の（笑）
ルナ　ヨイショされたから、「ヨイショッ！」って（笑）「モテるでしょ？」「うわ〜、ヨイショッ！（笑）」って。
お琴　あぁ〜！　いいね、いいね。「モテるでしょ？」に……。
ルナ&お琴　「ヨイショッ!!」
ルナ　**「そっちこそ！」「あ〜、ヨイショッ!!」**って（笑）ノリでかわす（笑）
お琴　でもそれ、ちょっとおもしろい（笑）

※6　重いものを持ち上げる際の掛け声として使われていたが、その転用で、相手を褒めて持ち上げて、いい気分にさせることも意味するようになった。

adultalk 神回⑤位

大恋愛とは「自分が変わった恋」運命の相手ではなかったけれど

#88 大恋愛

ルナ　その人は、**私のいろんな「初めて」を奪ってくれた人だった**の。

お琴　へぇ〜！　たとえば？

ルナ　あ、ちょっとそう言うと、なんかすごい語弊があって(笑)　ごめんなさい、**カラダのほうは、済んでました**(笑)

お琴　あ、カラダの「初めて」じゃなくて、ね(笑)

ルナ　カラダじゃなくて、思い出的な？　一緒に過ごすなかで、なんていうのかな……ここに行くとか、こういうことをするとか、こういう言葉をくれるとか、そういうすべての「初めて」を私にくれた人だったの！

お琴　はい！　具体的に聞きたい！(笑)　その「初めて」って、具体的には？

ルナ　私さ、何度も言ってるんだけど、あまり**交際期間が長くないタイプ**※1だから、男性と思い出を作り上げていく機会っていうのがなくて。そのぶん、もらった言葉とかもやっぱり少なかったんだけど……

お琴　なるほどね。

ルナ　その人は、「ハマらせる男」※2の回で話した人なんですけど……。

お琴　はいはい。

ルナ　たとえば、お花見。男性とお花見をするのも、その人が初めてだった。で、ドライブで他の県に行って、その人の地元を見てとか、そういうことをするのも、初めてだった。あと、言葉も……私、すごい高飛車で、ツンデレで、ぜんぜん「好き」とか言わないタイプなんだけど、そこを変えられたのも、その人なんだよね。

お琴　じゃあ、その人に対してはめっちゃ「好き」「好き」って言ってた？

ルナ　超言わされた(笑)　言ったし、**その人との大恋愛で、今の私があるから、確実に。**※3

お琴　へぇ〜！　そうなんだ……

ルナ　めちゃくちゃ変わったよ？　その人にも言われた。「ルナは最初と最後でぜんぜん違ったね」みたいな。

※1　これまでだいたい2か月ほどで別れてきた。「自分の誕生日に中途半端に好きな人といるのが嫌でその前には別れていました」(ルナ)　本書P178に登場してくれた元カレKが交際期間最長の9か月。

※2　#69「"ハマらせる男"の特徴」では、その男性は彼女がいるにもかかわらず、インスタのストーリーに「今日はsuper moon　ルナの日」とあげていたエピソードが語られている。

※3　それ以後は「かっこいい。好き。こういう行動が嬉しい、嫌だ。将来こう考えてるから、こうしていきたいなど、愛情表現から真剣な話まで全部、素直に言えるようになりました」(ルナ)

だから、私の人生に欠かせない、キーパーソンだったと思う。

お琴 自分を変えてくれた人だったから、自分のなかで大恋愛だと思ってるのかもしれないよね。

ルナ そうかも！ **革命だね、もう**(笑)

お琴 革命が起きた(笑) 自分のなかに革命を起こしてくれた人っていうのがあるから……。

ルナ それが「大恋愛」というイメージになりましたね〜。感情の浮き沈みが、もうすごく……絶頂がゆえに、そのどん底も知った相手というか、さ。

お琴 あぁ、そういう恋愛だったんだ？

ルナ 振れ幅がすごい。

結婚すると思っていたのにフラれた

お琴 そうなんだ。私は違うかも。そういう感じじゃない……。

ルナ え、じゃあ何をもって「大恋愛」って言ったの？

お琴 私、「この人と結婚して、**一生、一緒にいるんだろうな**」って初めて思ったの。

ルナ え！ 私もそれ、あった！ 初めて、結婚が見えた瞬間だった。※4

お琴 あ、そうなんだ。

ルナ っていうか、「この人と一緒にいたいな」って思った。

お琴 ずっと、ね。

ルナ 一緒にいたいし、この人とならいられるって、思った。すごいよね。

お琴 そういう人だったの。初めて、ちゃんと「この人と結婚したい」って思って※5、彼もそういうふうに言ってくれて、その恋愛には、そういう未来があると思っていた。そういうものだと思っていたの。

ルナ あー、はいはい。

お琴 けど、結局、私がフラれて……こんなに永遠を信じていた恋だったけど、**永遠ってどんなに信じてもないんだ、ということを知った恋**だったの。信じたものがなくなるっていうことを経験した恋だった。

ルナ それって、ひとつ疑問なんだけど……フラれて終わったじゃない、永遠だと思ってた恋が。だから、「大恋愛」なのか、自分からフっていたり、もうちょっと続いていたりしたら、それは大恋愛にならなかったのか。後から大恋愛と化したのか、付き合ってるときからすでに大恋愛だったのか。

※4 お琴がエピソードを話している途中に、ルナが共感して違う話になりそうだった瞬間。これ、『おとあだ』あるあるだが、「番組の編集は私がやっているので、まだお琴の話終わってないじゃんか！ってひとりでツッコんで反省する時もたまにあります。ごめんね、お琴……(笑)」(ルナ)、「逆のこともあったりするのでお互い様かなと思ってます(笑) 話したいことをいかに話し切るかはある意味、勝負だ！と思って毎回戦っています(笑)」(お琴)

※5 この人以外で結婚したいと思えた相手は「5年半付き合った元カレです」(お琴)

お琴　それは難しい……あ～、難しいこと言うじゃん(笑)
ルナ　わかんないんだもん。
お琴　自分でもわかんないけど、付き合ってるときも、すごく好きだった。「**初めてこんなに人を好きになったな**」って思いながら付き合ってたし……。
ルナ　それは、ほかの恋愛も含めて？
お琴　あとの恋愛を含めて……は、難しいかも。
ルナ　え、どういうこと!?
お琴　いや、私的には、それこそ自分が変わった恋愛。さっき、ルナも言ってたけど、自分が変わったっていう話をしていたじゃん。なんか、それだったんだよね。最初はすごく幸せで、「ずっとこの人と一緒にいるんだろうな、これって永遠の恋なんだろうな」っていうものが、「**自分もちゃんと努力をしないと、永遠の恋ってなくなってしまうんだな**」って気づけた恋愛だったの。
ルナ　あ～。
お琴　だからその後は、「永遠なんてものはないんだから、自分も一生懸命、努力して、恋を続けなきゃな」「幸せをキープさせるようにしなきゃな」っていうマインドに変わったから、その次に付き合った彼とは、それこそ5年続いたの※6。
ルナ　なるほど～
お琴　なんか、そんなことに気づかせてくれた恋愛だったね。
ルナ　ここのポイントは、**5年付き合っていた彼氏が大恋愛ではなかった**、ってことですね？(笑)
お琴　そうなんですよ(笑)　だから、期間の長さではないなって思った。
ルナ　期間じゃない、たしかに！　やっぱり、自分が一番好きだったっていうか、一番影響を受けた人なのかもしれない。
お琴　あ～、そうかも!!

男性の「いいよ」は信じちゃいけない!?

ルナ　あ、待って！　大恋愛の相手と、なぜ別れたのかを話そう！
お琴　いいよ。私が別れたのは、前にどこかのエピソードで話したかもしれないけど、大学生のときだったから、

※6　そのカレと別れた原因は「セックスレスです。でもそれ以前に、自分のことを前より愛してくれてないなって感じちゃったから一緒にいるのが辛くて別れを切り出しました」(お琴)

仲が良い男女のグループ……男2、女2の4人で仲が良くて、それで、海外旅行※7に行く話になったわけですよ。

ルナ　あ、聞いたことある(笑)

お琴　そうそう(笑)それで、4人で行こうよ、みたいな感じになって……大学生ですよ?　だから、行きたいじゃん、遊びたいじゃん。で、彼氏にちょっと言ってみたわけですよ。そしたら彼は「いいよ、行ってきな?」みたいな感じで送り出してくれたんですけど、海外で楽しんで帰ってきました。で、**帰ってきたら、フラれました。**※8

ルナ　それが、大恋愛の相手だったんだ!?

お琴　そう、大恋愛の相手だったの。本当に好きだったし……。

ルナ　でもさ、それだけ大恋愛って言っていたのに、男友だちを含めた旅行に行くんだね(笑)

お琴　自分のなかで、男女のグループで旅行に行くのは全然……。

ルナ　そういうことじゃないだろうっていう、感覚がね。

お琴　そう、感覚がね。なんだろう、そのときはまだ、恋愛も下手というかさ、若造で、わかってなかったっていうのもあるし、彼の言葉も……。

ルナ　あ!　そういうことを教えてくれたのも「初めて」だったんだね(笑)　恋愛マナーってものを、ね(笑)

お琴　そうそう(笑)あ、こういうのってダメなんだなって。**「行っていいよ」って言われたからって、素直に行くのはダメなんだな**っていう、そういうことも教えていただいた彼でしたね。

大人になるために必要だった恋

ルナ　**私は、そもそも付き合ってなかったんで。**

お琴　え?　付き合ってないんだ!?

ルナ　はい。大恋愛とは言いつつ、付き合ってないんですよ。

お琴　片思いってこと!?

ルナ　片思いっていうか……まぁ、複雑ですよ(笑)※9　そんな感じだったんだけど、終わり方としては、死ぬほど好きで……。マジで好きだったんだけど、なんかある日、嘘が発覚して。ハマらせる男だったから、他にも女の子が何人かいて、すごく愛を感じたのに、「あれ?」みたいな。

お琴　あぁ……。

※7　行き先はフィリピンのセブ島。「3泊4日でもちろん部屋は男女別でした。皮肉なことにこの旅行はトラブル続きで人生で一番記憶に残ってる楽しい旅行だったんですよね(笑)だから今となっては後悔してないです」(お琴)

※8　帰国後のLINEが冷たかったため、「どうしたの?」って聞いたら、別れを切り出されました。お土産にバナナチップスを買った気がするけど、たぶん渡してない(笑)」(お琴)

※9　「そのカレの周りからも公認のペアだったこともあって、当時はバカなことに完全に両思いだと信じ込んでいました。今考えたら、ただお気に入りを周りに堂々と紹介する遊び人だっただけだったんですけど(笑)」(ルナ)

ルナ 他に女の子がいるっていう事実よりも、それを私の前で平然と嘘を……本当のこと言うチャンスを何回か与えたのに、全部を嘘で通したから、好きが故に、マジで大っ嫌いになっちゃって、冷めちゃった。「なんで**こんなに好きだったのに、裏切るの!?**」みたいな。で、もう、サッと終わった。

お琴 それ、なんか本当に、**百年の恋も冷める**※10みたいな……。

ルナ そういうこと！　好きすぎると、逆にね……ひとつのきっかけがデカかったりするなぁって。

お琴 なるほどね～!!

ルナ 思うよね～!!(笑)

お琴 じゃあ、もう、自分から離れていったって感じ？　フラれたとかじゃなく。

ルナ そうね。なんかなんだかんだで、たぶん彼は今、他の人と結婚しちゃってる……というか(笑)、結婚してるし、たぶん続いてても、叶うものではなかったと思うし、結ばれることもなかったと思う。

お琴 あぁ、ね。

ルナ しかも、他の女の子もみんなそうだと思う。あの男の人は、女の子が離れない限り、離さないと思う。

お琴 そういうタイプね～。去るものを追わず……。

ルナ 来るものを拒まず、そういうタイプ。でもね、この大恋愛を経て、私たちはその後にも恋愛をしてるわけじゃないですか。

お琴 はい、はい。

ルナ そのときに思ったんだけど……**大恋愛の相手が、必ずしも運命の相手とは限らない！**

お琴 はい、はい！　それは私も思うし。『イニシエーション・ラブ』※11って知ってる？

ルナ あ、前田敦子の？

お琴 そうそう。映画と本があるんだけど。イニシエーションって、大人になるために必要な、通過儀礼みたいな意味があって、だから、イニシエーション・ラブっていうのは、「**大人になるための恋**」っていう、タイトルなんだよね、あれって。

ルナ なるほど！

お琴 そう。で、私の中で大恋愛って、イニシエーション・ラブだなって思ってて……。

ルナ うわ、めっちゃいいこと言う!!(笑)　だから、大恋愛の相手は、必ずしも運命の相手とは限らないけれども、絶対的に自分を豊かにしてくれたものだったんだよね。それは間違いないと思う。

※10　#23「女が男に冷める瞬間～100年の恋も1分で終わる～」ではその数々の例を紹介している。

※11　乾くるみの小説を映画化。松田翔太と前田敦子が共演。原作は最後のどんでん返しが衝撃的だったが、映画ではエンディングが異なる。監督は「TRICK」シリーズの堤幸彦。

adulttalk 神回⑥位

意外に見落としがち！デート時の注意ポイント

#136 初デートでコレに気をつけろ!! 超初級編（＋ガヤ）

お琴　ごはんのお店選びって、たぶん迷うと思うんだけど、これだったら絶対にハズレはないなっていうのが私の中にあって……。

ルナ　はいはい、どうぞ？

お琴　**価格帯は、正直、いくらでもいい。**別に、高くなくていい。

ルナ　わかる！

お琴　高くなくていいけど、**食べログの評価が高いところを選んでください！**

ルナ　星、何以上？

お琴　**3・5以上ですっ!!**（笑）

ルナ　これはね、正解だと思う。そのほうが、安定感がある。他の人が「いい」って言っているとこだもん。

お琴　そう、失敗がないの！　失敗を極力減らすっていうことが大事だから、それさえ選んどけば、とにかく失敗はないから。

ルナ　たしかに、価格帯で無理はしなくていいけどね。だって、ヘタにすごい高級レストランとかに行って、相手がめちゃくちゃ変な子だったらもったいないし、ね。それに、「お金を持ってる人」だと思われると、後々つらくない？

お琴　たしかに！

ルナ　だから無理がなくて、チェーン店じゃなくて、食べログの評価が3・5以上(笑)

お琴　ですね。チェーン店じゃなく、3・5以上！

ルナ　3・6ぐらいあると、なおいいね(笑)

お琴　なおいいけど、難しいでしょ、なかなか(笑)

ルナ　女性側のコツもあってね。女性って男性が店を決めてくれる機会が……ちょっと甘えてるんだけど、たぶん多いと思うのね。

お琴　多いですね〜。

ルナ　そこで、女性にもできることは、行きたいところや食べたい系統をパスするとか、あとは嫌いなものを事前に言って、ある程度、絞ってあげる。

お琴　うん！

ルナ　「もう絶対、ハズレはないよ」みたいなパスをして、男性にアクションをさせてあげる。で、決めてくれたものに対してのリアクションだよね。「すご〜い、いい店！」とかって言う。そしたら、男性もホッとするじゃないですか。

お琴　そうですね、それは大事ですね。

ルナ　この一連の流れって、男女ともに、ちょっと歩み寄る大事なポイントですね。

お琴　あ〜、もう、間違いない！　本当に！

駅での待ち合わせはやめてください

ルナ　じゃあ、お店に行きますか!!(笑)

お琴　店、行きましょう！

ルナ　何かコツとかある？　待ち合わせとか……。

お琴　あ！　これ、「どっちがいい？」っていう質問なんだけど……人によって分かれると思う。待ち合わせを、お店の最寄

り駅にするか、お店に直接行くか。どっちがいい⁉
ルナ　うわ～！　私、お店のほうが好き。
お琴　あぁ～、だよね！　私もそう！
ルナ　え、やっぱり⁉
お琴　駅になっちゃうと、待ち合わせで「どこにいます？」っていう会話が生まれるのが、ちょっと面倒くさいなって(笑)
ルナ　わかる！　しかも、遠目でわかるじゃん。「あ、あの人かな？　ちょっとイヤだな」とか……でも、お店ってもう、なんか覚悟を決めるしかないっていうか(笑)
お琴　あ、そうか(笑)　知らない人が前提の話だと、そうだよね。元々知っている人だったらどうする？　私は、やっぱりお店がいい。
ルナ　私も！　なんかね、**お店のほうが、ちょっとエッチだなって思うんだよね**(笑)
お琴　えぇー⁉
ルナ　え、わかんない？(笑)　なんだろ……。
お琴　あ、ハイ！　でも、予約名を言うときとか、ちょっとエッチじゃない？
ルナ　えっ⁉　あぁ～！(笑)
お琴　なんか、「男性の方、もう、いらっしゃってます」って言われたときの「きゃー！」って感じ、わかる⁉(笑)
ルナ　あはは！(笑)　ちょっと、わかる‼　あと、自分が先に着いて、相手が後から来ると、ちょっとイヤだなって思う。
お琴　あ～、そうかも。
ルナ　「あれ、いつ来るの？」って……。
お琴　これは結構、ポイントだと思う。

ルナ　何⁉
お琴　お店で待ち合わせするときは、**男性は女性より、待ち合わせ時間より早めに行ったほうがいい**と思う。
ルナ　たしかに！　7時から予約だったら、6時50分とか55分ぐらいに行って、先に入っておくってことね。いいわ、それいい！
お琴　女性が……自分が1人で待つのって、結構ドキドキしない？　だから、待っていてくれたほうが、安心感がある。
ルナ　お店で合流って、意外と難易度高いかもしれないけど、アリかもしれないね。
お琴　だと思います！
ルナ　これ、余談だけどさ(笑)　自分が先に着いちゃったときに、鏡を見ながらリップとか見ない？　「あれ、大丈夫かな？」みたいな。
お琴　うん、見る、見る！
ルナ　あのタイミングで、相手が来ないか、ハラハラしない⁉(笑)
お琴　ちょっと、それはわかる！(笑)
ルナ　だよね‼　あと、お店のエレベーターの中でひとりのときに、鏡で顔をチェックするんだけど、**ドアが開くまでにハラハラしながらさ、急いで見てるの**(笑)
お琴　やりますよね(笑)　これ、女の子のあるあるだと思う。
ルナ　あの時間がまた、楽しいんだよ(笑)

お店での気まずい瞬間

ルナ　次は、店員さんに対して、悪態をつかないことだね。タメ語とかも、ダメ。女性が一番嫌う……まぁ、しないと思うけどね。でも、中にはね、たま～にいるから、そのへんは意識してください、と。

お琴　あ、細かいこと言っていい？

ルナ　どうぞ、どうぞ！

お琴　**店員さん、呼んでほしい**（笑）

ルナ　あー！　これも前に話したことあるよね！　意外と女性って……私はそうじゃないけど、自分で呼べない人も……。

お琴　いや、私も呼べるのよ、全然。「あ、すみませ～ん」も言えるんだけど、なんか自分も猫かぶりたいな、みたいな気持ちがあるわけよ、初デートって。だからちょっと、そこはリードしてほしいかなって（笑）

ルナ　ひとつ言っていい!?（笑）私も店員さんを呼べるけどさ、3回ぐらい「すみませ～ん」って言っても、気づいてもらえないときがあるじゃん（笑）あれ、気まずくない!?

お琴　気まずい!!（笑）

ルナ　もう、「気づいてあげてよ!!」って思わない？（笑）なんか、3回も気づいてもらえないと、**最終的にその手をそっと下ろすじゃん**（笑）

お琴　そうそう（笑）

ルナ　「忙しいんだね～」なんて言って（笑）

お琴　それ、ちょっと気まずいよね（笑）「え、どうフォローしてあげようかな」って、こっちも気を使う（笑）

ルナ　店員さん……お願いします（笑）

好きなタイプは「ムロツヨシ」最強説

ルナ　あとは、なんだろうな～。食事中に……あ、いろんなお話をすると思うんだけど、会話の中で**具体的な芸能人の名前を出して「タイプ」って言わないでほしい。**

お琴　あー……そうなんだ？

ルナ　「佐々木希の顔がタイプ」とか「広瀬すずちゃんが好き」とか、具体的な女の芸能人とかの名前を出して言われるのって、ちょっとナンセンスだなと思ってて。

お琴　はぁー。

ルナ　だって、その子が「似てる」って言われている芸能人なら、いいよ？　「広瀬すずに似てる」ってよく言われている子とか、自分がよくその子に「似てるよね」って言ってて、その芸能人を被せるんだったら、テクだと思うけど、そうでもないのに、いきなり全然関係ない好みの顔をパンッて出したら、「え、**私はそれじゃないし、圧倒的に届かないから！**」ってなりません？

お琴　ハイ！　反論していいですか（笑）

ルナ　はい、はい（笑）

お琴　それ、女性側の聞き方によるのかなって、私は思っていて。女性が「好きなタイプはどういう人なの？」って聞いたときに、芸能人の名前を出されたら「ん!?」ってなるけど、女性がダイレクトに「好きな芸能人は誰？」って聞いたときに、芸能人の名前をちゃんと言ってくれるのは別によくない？

ルナ　たしかに、その質問には、そうだね。

お琴　なんでかっていうと、私は結構、聞く。

ルナ　え、なんで!?

お琴　その人のタイプがわかるから。自分が当てはまるか、当てはまらないかっていうのが、そこでわかるから。

ルナ　なるほど！　**うわ、イヤな女～!!**（笑）

お琴 「あ、ぜんぜん系統が違うじゃん」って、そこでわかるわけじゃん(笑)

ルナ あ、ごめん。私も毎回聞くわ(笑)

お琴 あはは(笑) はい、ここにイヤな女が2人いま～す!(笑)

ルナ たしかに、それでジャッジするわ。この人は自分をタイプだと思ってるな、とか。たしかに、女の人ってそうだよね。

お琴 そう!

ルナ でもさ、逆の立場で……そういうくだりがあって、男性が言って、女の子が「ふん、ふん、なるほど」となりました。逆に「誰が好きなの?」って男性側もたぶん聞いてくると思うんだよ、一般的な流れとして。

お琴 言われる!

ルナ そこでさ、福士蒼汰とか言われてみ!? 吉沢亮とかさ!

お琴 でもよ、じゃあ、なんて答える?

ルナ ……「**ムロツヨシ♡**」(笑)

お琴 あはは(笑) これは、女の子側のテクで～す(笑)

ルナ これね、これはもう、テクで(笑) **「ムロツヨシ」って言うと、男性から万人受けする説**っていう(笑)

お琴 そうそうそう(笑)

ルナ これは、私たちのテクです(笑)

スマートにおごるための「ひとこと」

ルナ はいはい。じゃあ……お会計は?

お琴 あ～、お会計かぁ!

ルナ これ、男性が気があるというか、今後もこの子と「またデートしたい」と思うんだったら、私は払うべきだと思うよ。なんか、「払うべき」って言っちゃうとアレなんだけど……。

お琴 これ、難しいなぁ。

ルナ これ、確率論じゃん。女の子に対して、「俺は男として思われたい」「女として認識してますよ」っていうことを示す行動だと思うから、払ってくれたほうがいいんじゃないかなって。次の可能性があるじゃないかな、女性にも伝わりやすいし。

お琴 わかる、同じ意見。でも別に、マストではないと思う。

ルナ 確かに、そう。

お琴 確率を上げたいんだったら、払ったほうがいいと思う。でも、これはね……めっちゃ難しいよね。女性のタイプによっても分かれると思うよね。

ルナ 難しい。

お琴 なんでかっていうと、たとえば、ルナみたいな、今までずっとモテてきたタイプの女の人と一緒にごはんに行きましたってなると、払わなかったら、いきなり恋愛対象外になっちゃう。でも、別にそうじゃない相手で「初めて」のデートをする、みたいな子だったら、別にそこに対しては……彼女も払おうとするし。だから、相手のタイプによるかなって思う。でも、初めてのデートで払ってくれたら、その男性を、男性として見るじゃん。払ったほうが、これはもう確率論っていうか……なんて言うんだろう。失敗はないって感じ。

ルナ たしかに。嬉しいのは……一番理想なのは、**「俺が誘ったから」「来てもらったから」って言って、「なんか俺、今日すごく楽しみだったんだよね～」**みたいな。

お琴 めっちゃいい!!

ルナ 「もう、安いもんだよ」とか言ってさ。そうやって、嘘でも言ってくれると、ドキッとするんだよね。

お琴 それ、いい！ ちょっとハイレベルかもしれないけど（笑）

ルナ たしかに、初回のデートで……（笑）

お琴 初めてのデートで、そんなことは言えないと思う（笑）

ルナ 割り勘でもいいけど……**前も言ったけど、全額を払った後で、PayPayで半分もらうとかは、絶対にイヤだ!!** だったら、今払うから。店員の前ではかっこつけて、後で……みたいなのは、女性がちょっと「ん!?」ってなるよね。そこはもう、ハッキリして、グダグダしない。会計前と、ラブホのパネル前では、グダグダしない！（笑）

お琴 それはもう、間違いない（笑）

adulttalk 神回⑦位

最近、拗らせてきた… そんな自分と向き合ってみた

#121 拗らせ男女～〇〇コジコジ！アラサーの闇～

お琴 ハイ！ **アラサー男女、大体、拗《こじ》らせてる説。**

ルナ うわぁ～（笑） イヤだ～!!

お琴 どう、この新しい説！ この説、どう!?

ルナ ハイ！ じゃあ～、大学生とか～、新社会人の子は～、まだ拗らせてないってことですか～!?

お琴 まだコジッてない。え、ちょっとわからない？

ルナ うわぁ～否定できない（笑） なんなんだろう、これ……。

お琴 私もわかんない（笑） でも、なんで思ったかっていうと、私がふと、「拗らせてきたな……」って思ったの。

ルナ 今日はこれから、いろんな拗らせのパターンを言っていくけれど、たぶん全員に共通してることがあって……

お琴 え、待って……そうなんだ……。

ルナ あ、いや、これはそんなに深い話じゃなくて（笑） 浅い話っていう枕詞を添えて言いますけども、いろんな経験をして、いろんな人と会って、時間が経つにつれてさ、**「私はこれを変えないけどね」っていうスタンス**があるじゃん、みんな。そこの、残ったカビ汚れというか（笑）

お琴 あぁ～！

ルナ その、頑固な、落ちないカビが、拗れのことだと思うんだよね。

お琴 なるほどな！ その、譲れない部分。

ルナ もう、諦め……あ、でも「諦めている」とも違うんなぁ。「私はこうだから」みたいなスタンスがさ、みんなに、あるじゃん。それだと思うんだよね。

お琴 あるっ!! ていうか！ それで思うのが、アラサーという年になってから出会う男女の全員が、それを持ってる！（笑）

ルナ わかる!?（笑）

お琴 わかる!!（笑） 絶対、それを持ってるの、みんな。「俺はこうだから」みたいな。

ルナ そう！ 人から見たら「うわ、この人……」みたいな、さ。でも、それがどんな面かは、人によって違う、と。

お琴 そう！ なるほどね。だからもう、みんな拗らせてるじゃん（笑）

セフレじゃくて、恋人が欲しい

お琴　これは今のルナに当てはまるか、正直、わからないけど、一般論。

ルナ　え、何？　何～!?　ちょっと具体的なやつをちょうだい！

お琴　具体的なやつ？　まず、ひとつめ。セフレを何人か抱えている。

ルナ　あ、そういうことね！

お琴　けど、けど！　付き合わない。

ルナ　おぉ～。

お琴　でも、でも！

ルナ　多いな、接続詞が（笑）

お琴　でも、**愛のあるセックスがしたいと思っている**（笑）

ルナ　あれ!?　1人、共通の知り合いが思い浮かんだぞ（笑）

お琴　Hくん？（笑）

ルナ　Hくんが、「最近、愛のあるセックスをしてない」って言ってたな（笑）　それを言ったすぐ後にさ、10人ぐらいの違う名前の女の子の話をしてて、「こいつは本当に思ってるのか!?」って、たしかに思った。

お琴　拗らせてるでしょ？（笑）

ルナ　拗らせてる、たしかに。

お琴　そういう人って、**その状況の自分に酔ってる**の。

ルナ　え、そうなの!?　セフレを抱えてて、「でも、やっぱり、彼女ほしいんだよね」っていうところが？

お琴　「ほしいんだよね」は本気で思っているかもだけど、でも、「俺、女が10人いるよ？」みたいな環境に酔ってたりもする。

ルナ　なるほど！

お琴　わりと両極端なのかなって思う。そういう自分もいる。そういうのが楽しいっていうか、自分に酔っている面もありつつ、でも本当に愛のあるエッチもしたいって思ってるから、夜、たまに病む、みたいな。

ルナ　なるほど。**夜になると、人ってなんか、ちょっと正直になりますからね**（笑）

お琴　そう（笑）

ルナ　なるほど、ね。コジコジだわ。

お琴　コジコジです。

ピンクコジコジってなに？

ルナ　ハイ！　じゃあ私もいいですか？　ちょっと、ぜんぜん方向性が違うコジコジを紹介してもいいですか（笑）

お琴　OK、OK。

ルナ　私の会社の上司にいた方なんですけれども……**ピンクコジコジ**（笑）

お琴　待って……どういうこと!?（笑）

ルナ　なんか、ピンク色のもの以外を一切受け付けないっていう先輩で……

お琴　林家パー子じゃん（笑）

ルナ　あはは、怒るよ、マジで、先輩（笑）　でもバックの中のものが、全部ピンクで。

お琴　え、それ、女性？

ルナ　うん、女性。すごく稼いでて、私より結構上の、20歳ぐらい上の先輩なんですけど、とにかくピンクが好きだから、

お土産もピンク以外は返却するんだって（笑）

お琴　えっ!?

ルナ　ヤバいの。仕事で使うファイルとか、そういうのにも色があるじゃん。で、私は1回、知らなくて、違う色のものを渡したことがあるの。そしたら、**「ピンクじゃないと受け取れません」**って言われて……やばくない!?

お琴　え！　えっ!?

ルナ　だから、ピンクコジコジだなって（笑）

お琴　待って、なんかさ、私の考えてた拗らせ女子とまったく……なんか、**真後ろからボールが飛んできた**なって（笑）

ルナ　人によってさ、いろんな拗らせ方があるから（笑）　でも、これはちょっとコジッてるなと思って。

お琴　ちなみに、その女性は独身ですか？

ルナ　（小声で）それがおもしろいんですよ。よくわかったね、独身なんですよ。セフはいるんですよ。

お琴　なるほどね。逆に、聞きたいんだけど、20歳ぐらい上って言ってたよね？　だとしたら、結構上だよね。

ルナ　20歳上は嘘かも……でも、10歳、15歳くらいは上だよね。

お琴　で、そういう女性が、ピンクコジコジです、と。ただ、結婚してたら、既婚だったら、これは拗らせに入らなくない!?

ルナ　たしかに、単にピンクが好きな林家パー子だ（笑）

お琴　でしょ!?　これ、不思議じゃない？

ルナは大学生のときから拗らせてた

お琴　じゃあ……**「恋人がほしいと言ってるが、行動が伴ってない」「恋心より、性欲」「性欲に勝てない」「性欲にかまけて、そこから沼る」**これ、女の子に多くない？

ルナ　なるほど。ウチ、ちょっとそういう友だちが何人か思い浮かんじゃった。

お琴　うん。沼るのは、どっちかというと、女性だね。あと、次ね。これは、男性のほうがもしかしたら多いのかな、女性も多いのかな。「ヤらないと、好きになれない」

ルナ　ヤらないと、好きにならない？　そんな人、いる？

お琴　だから逆に言うと、「人を好きになるとは？　という疑念を持っている」

ルナ　「あ～、もう、その感じがわからない！」みたいな？

お琴　「人を好きになるってどういう感じ？」っていう。

ルナ　もう、**「楽だから、セックスだけでいい」**みたいな？　なるほどな……拗らせてるわ。拗らせてる！**「本当は、違うくせに！」って言ってやりたい！**（笑）　気持ちもわかるよ。大学で遊びすぎたときに、マジでそういう感じだったから。「彼氏はいらないし、セックスすればいい」ぐらいのテンションだったから、言いたいことはわかるけどね。

お琴　じゃあ、そこからさ、どうやって変わっていったの？

ルナ　そのテンションから？　寂しくなったから！

お琴　え～!?

ルナ　最初はもう、そういうスタンスで、毎日違う人と遊んで、色恋があって、それで自分の寂しさを埋めていくわけ。特定の誰かじゃなくて。でも、**ある日にふと寂しくなる瞬間っていうのが、やっぱり誰にでもある**と思うんだよね。きっかけは何でもいい。全く別のことでもいいし、なんかイヤなことがあったりとか、例えば、いつものメンバー全員と連絡が取れないとかさ。

お琴　うんうん。

ルナ　で、そういう人寂しくなった瞬間に、普段、遊んでるメンバーは誰も本気じゃないからさ。だから、どこかでは求めてるんだけど、それを自分で認めてしまったら、本当にもう寂しいじゃん。少なくとも、持ってるセフレっていうコマも、いなくなっちゃうわけだから。自分はこれで満たされるんだって、言い聞かせて。で、たまに彼氏ができて、少しずつ愛情を教えてもらって、直っていったのかな。

お琴　なるほど〜。

ルナ　ハイ！　じゃあ、恋愛系のコジコジですね。ピンクコジコジとかじゃなく(笑)　じゃあ、たまに女の子で……体の関係がアリナシ、どっちでもいいですよ。で、「なんか私、今何々くんに狙われてる」とか……。

お琴　はいはい、はいはい。

ルナ　そういうので満たされて、なんて言えばいいのかな。

お琴　言いたいこと、わかるわ〜。

ルナ　1人に、真っ当に愛されてはいないのよ。そういう関係はないんだけど、でも複数人と……セフレではなくても、だから、付き合うとかでもいいよ。「何々くんにも告白されて、でも、誰かとデートに行って」とか、それって一種の拗らせだと思う。

お琴　なるほどね〜！

ルナ　なんか、「いろんな人に誘われて、私、幸せ〜」みたいな。幸せっていうか、「ヤバい、こんなにモテちゃってる！　ヤバい、人気なんだけど〜」ぐらいのテンションで言っているかもしれないけれど、もう結婚してるような、落ち着いてる人たちから見たら、たぶんそれは、そうは映ってない、と。そういう拗らせ方ですね。

お琴　あるよね〜。あるね。

お琴　じゃあ私が最後いきますね。これは、拗らせ男女の、恋愛のやつね。まず、「**傷つくのが怖いと思っている**」「**過去に恋愛のトラウマ、もしくはコンプレックスがある**」「**恋愛を分析しすぎてしまっている**」。あと、これは最初のやつなんだけど、「**持論を持っている**」。で、最後。「**本気を出せば、落ちない異性はいないと思っている**」

ルナ　待って、ぜんぶ私なんだけど(笑)　5個、当てはまった!!(笑)

お琴　あはは(笑)　でも、今のは基本、私は自分のことを思って書いたやつなのね。だから、私も当てはまってる。

adulttalk　神回⑧位

セフレ判定にこの質問を！本命になる険しいルート

#114 セフレから本命になる方法〜実話アリ〜

ルナ　**もしもあなたが本命の彼女だったら、「好き」「付き合いたい」という言葉は、ベッド上以外でも、言われます。**シラフでも言ってもらえます。急な呼び出しはもちろんあったとしても、急じゃない、予定を立てたデートのほうが多いはずです。**毎回エッチがなくてもいい。**しかも、「彼は私を好きなんだよね〜付き合ってるもん」って言えるし、ランチにも、もちろん、行く。もう、当たり前のことなんですよ!!
お琴 あはは(笑)
ルナ 本命彼女からしたら、当たり前のことを、あなたは、してもらえていない……。
お琴 なんか、すごく切ない気分になってきた(笑)
ルナ でしょ? そこですよ。まず、そこをちゃんと認識しましょう、皆さん。どれだけひどい扱いをされてるかっていうことを。
お琴 セフレの自覚を持ちましょう!
ルナ そう。それは大事ですよ、皆さん! ここからは……あなたは今、自分をセフレだと認識しましたね。でも、相手はあなたのことをどう思っているでしょうか?
お琴 はい。
ルナ 一応、ポジションは、セフレですよ?
お琴 セフレなんだけど、**セフレの中にも2パターンあるってことだよね。**
ルナ はい、ふたつあります。読んでください、お琴さん!
お琴 まず、「ただのセフレ」。
ルナ はい、これはシンプルです。もう一度、言います。「ただのセフレ」です。**ジャスト、セフレ**(笑)
お琴 ふたつめが、「何も考えてなかったけど、**なくはないかな~みたいなセフレ**」。
ルナ もう、曖昧ですね~、すごく!
お琴 本命ではないけど、ナシではないかなゾーン?
ルナ 別に、セフレでいいんだよ。ラクだから、もうこの関係でいい。だけど、何かミラクルが起きる可能性が残されてるパターンのセフレってことですね。
お琴 はいはい。
ルナ この2パターンは、自分で見極めることはできません。なので、ここからはですね、**相手に攻撃をしていきます**(笑)
お琴 どっちパターンのセフレかなって、見極めるために攻撃するということですね。
ルナ 攻撃(笑)

重い言葉ほど軽く言おう

ルナ ズバリですね、早い段階で、聞いておくべきワードがございます。早い段階っていうのは、セフレになりたての、でもセフレ初日には……。
お琴 初日ってことは、ヤる前ってこと?
ルナ もう、ヤる前でも、ヤッた後でも変わりません。初夜、初夜(笑)
お琴 第1回、ね(笑)
ルナ そういうことね。で、初日には絶対に聞かないでください。
お琴 ちなみに、早い段階って、何回目から聞いてもいいんですか? 2回目?
ルナ 2回目でもいいし、できるだけ早い段階。早めに処方してください(笑)
お琴 なるほど、早めに攻撃しましょう、と。
ルナ で、そのセリフはこちらです。「**今、彼女とか、ほしくないの?**」

お琴　フゥ～!!　結構、攻めてますね。
ルナ　なかなか、言えないんじゃないかなって思う(笑)
お琴　ちなみにだけど……細かいことだけど、これってどこで聞くべき？　ヤッた後に聞くべき？　ヤる前に聞くべき？
ルナ　うわ～！　でも、セフレでしょ、あなたたちは。じゃあ、ヤッた後でもいいと思うよ、私は。ピロートークでもいいと思う。
お琴　ピロートークに攻め込むね……すごいパンチを!!(笑)
ルナ　もう1回、いきます。「今、彼女とか、ほしくないの？」、これ、なんか軽く言ってますけど、すごい重いです！(笑)
お琴　**重いよね(笑)　でも、これって、軽く言うのが正解だよね。**
ルナ　そう！　深刻さを出さない。
お琴　軽い感じで、深刻さを出さずに、「今、彼女とかほしくないの～？」って(笑)
ルナ　うん、お琴のやつが正解だね(笑)
お琴　はい(笑)　みたいな感じで、攻撃していきましょう。
ルナ　攻撃していきます。そうすると、考えられる答えが、また2パターン出てきます。その1、これはあなたが本当にただのセフレだった場合、おそらく彼はこう言います。はい、じゃあ聞いて？

絶望的に切ない答え

お琴　「今、彼女とか、ほしくないの～？」
ルナ　「今は……そうだね。**誰とも付き合う気はないかな、仕事も忙しいし**」

お琴　「そっかぁ～」
ルナ　おめでとうございます!!　そんなあなたは、ただのセフレでございます!!(笑)
お琴　おめでとうじゃないけど(笑)　わかりやすいですよね、ここまで言われたら。
ルナ　**私もこれ、言われたことあるんですよ、過去のセフレに。**
お琴　え～!?
ルナ　1年ぐらいセフレだった人に。私は付き合いたくて、「今、彼女とかほしくないの？」って言ったら、まさに今のセリフで返されました(笑)「今はいらないかな」って。
お琴　切ない!!
ルナ　切ないでしょ？　でも、それが答えなんだよ。
お琴　それが答えだよね。はっきり言ってくれてるわけだからね。「今、別に彼女いらないよ」って。彼の意志ですから。
ルナ　ちなみに、もっとはっきり言っちゃうと、「今はいらない」っていう意味もあるけど、**「お前じゃないよ」っていう意味もある**からね。
お琴　はい、「お前と付き合う気はないよ」だからね。
ルナ　訳すと、そういうことです。だから勘違いしないように。本当に仕事が忙しい場合もあるけど、そっちの確率のほうが、高い。
お琴　はい。じゃあ、2個目ですね。じゃあ、聞きますよ、もう1回。
ルナ　はい！
お琴　「今、彼女とか、ほしくないの？」

ルナ　「う～ん……そうだなぁ……」
お琴　え、終了!?
ルナ　「まぁ、いてもいいけど。**いい人がいれば……」**
お琴　ほぅ～。
ルナ　濁してきましたね～(笑)
お琴　いい人が、いれば!?　**「え、隣にいい人、いない?」(笑)**
ルナ　怖い、怖い!!(笑)　わかるよ、「私は?」って言いたくなるよね。
お琴　言いたくなる(笑)
ルナ　それ、言いたかったら、どうぞ(笑)
お琴　言いたかったら、いいの?
ルナ　聞けるのであれば。でも、「今、彼女とか、ほしくないの?」って、結構ギリギリのラインだし、頑張ってると思う。
お琴　そう。踏み込むのって、結構、勇気がいる!　で、彼が「いい人がいたらな」って言ってさ、「え、私は～?」って、結構な攻撃だよね(笑)
ルナ　強い!　たぶん、**そういうことを言える子は、これ(番組)を聴いてない**(笑)
お琴　もう、右フックぐらい、入ってるもんね(笑)
ルナ　両フックでしょ(笑)　両手で……。
お琴　顔面を抑え込みにいってる(笑)
ルナ　そんなことはどうでもよくて(笑)　さっきの、「今は、誰とも付き合う気はないな」っていう以外!!　それ以外の濁しとか、「いい人がいれば」みたいな回答の場合は、もうワンパンチを入れていきます。

お琴　ほうほう。
ルナ　可能性を残してくれてると思っていいと思います。
お琴　はいはいはい。
ルナ　では、それが、こちら。
お琴　**「ていうか、全然関係ないけど、今度さ、お昼にどこどこに行こうよ～」**
ルナ　「え、いいよ」……と、こうなります。これが、理想の流れです。もう1回おさらいしましょう!
お琴　わかりました。「今、彼女とか、ほしくないの～?」
ルナ　「彼女かぁ～。まぁ、いい人とかがいれば……うん」
お琴　「そっか。てか、さ。全然、関係ないんだけど、今度、お昼に、どこどこ行こう?」
ルナ　「え、うん、いいけど……」
お琴　「やった～!」
ルナ　はい、もう、これで完璧だね(笑)
お琴　はい、完璧です!　もう、すぐに切り替えましょう。話を切り替える!
ルナ　そう!　重いんですよ、もう。やっぱり、彼女の話って。
お琴　そう。ちょっと切り替えてるんですけど、切り替えてるように見せて……。
ルナ　やっぱり、枕詞って大事ですね～!
ルナ&お琴　**「全然、関係ないけど」(笑)**
ルナ　「全然、関係ない」って言っておきながら、デートに誘ってるわけだから(笑)　より重くなってますよ。でも、大概の男性はここで絶対にOKするから。
お琴　うん、そうだね。

ルナ　本当は行きたくなくても、どっちにしろOKするから。面倒くさいから、その場が。とにかく、この会話を終わらせたいから。

お昼に会えなかったらセフレ確定

ルナ　OKをもらったら、後々ね、LINEとかで日にちを……まぁ、その場で決められたら、いいんだけど。LINEでいいから、日にちを決めて、実際にデートでどこどこに行く。あ、たとえば、「どこどこ」って、どこ?
お琴　お昼に?
ルナ　うん、お昼デート。
お琴　お花見!
ルナ　いいね。この時期だったら、お花見とか。じゃあ、夏だったら?
お琴　海!!
ルナ　秋だったら?(笑)
お琴　紅葉!!
ルナ　冬だったら?
お琴　冬は……イルミネーションは夜だよなぁ(笑)　じゃあクリスマスマーケット!　お昼にクリスマスマーケットに行こう!
ルナ　そう、これが大事だよ。お昼に!
ルナ&お琴　**『お昼に!』**
お琴　ジャッジメントポイントなんですよ。この「お昼に」デートに誘ってるのは。別にただ、話を変えたんじゃなくて、これ、実は、討ち込みにいってるんです!!
ルナ　討ち込みに!!(笑)　そう。日時を決めました、その当日ですよ。**デートの約束の当日に……来るか、来ないか、ですよ。**
お琴　うーん。
ルナ　いくらでもね、男性はね、「行くよ~!」なんて言うんですよ、その場では!
お琴　そうだし、来るか、来ないかの前に、LINEで日付を決めるときに断られるっていうのもあるよね。
ルナ　「やっぱり、今月は忙しいから」とか。
お琴　そうそうそう。
ルナ　全然あるよ!!　当日になって「ごめん、やっぱり体調が悪くて……」とか、この時期だったら「友だちがコロナなって……」とか、さ。いろんな理由でドタキャンしてくる可能性もありますよ。そう言われた皆さん!　さっきの「誰とも今は付き合う気はないかな」っていう回答と、同じだと思ってください。
お琴　はい。**あなたは、ただの、セフレです。**
ルナ　なので、さっきの答えを言われた人と、デートに来なかった、ドタキャンをされた方は、もう他を当たってください。
お琴　他にいきましょう。時間の無駄なので、もう、彼はセフレっていうふうに……。
ルナ　**セフレから、もう、どうにもならないです。無理です。恋愛対象外です(笑)**
お琴　そういうことなんですよ!!
ルナ　彼の代わりに言うね。「恋愛対象外だから」(笑)
お琴　そういうことです。現実です。
ルナ　これが現実なんです。だから、「おいおい、『セフレから本命になる方法』って言ったじゃん！　諦めろってなんだ!?」って言いたい気持ちは、わかります。でもさ、恋愛ってさ、そういうもんじゃん？（笑）

お琴　あはは（笑）

ルナ　そういうもんじゃない。誰でもクリアできたら、恋愛じゃないの。好き嫌いは、人にはありますから。もう、ゴメンだけど、……**時間がムダです。本当に、あなたの貴重な時間が、綺麗な時間がムダになるので。**

お琴　そうだね〜。

ルナ　前にも名言でやりましたけれども、**「この人を超える恋愛はない」は、気のせいですから。**

お琴　はい、そういうことです。

ルナ　絶対に、もっと好きな人が出てくるから！　すぐにセフレをやめて、他にいきましょう。

「本命」になるための最後のステップ

ルナ　はい。それでは、早速……今回の、本題ですよ！

お琴　本題ですね！　お昼のデートに行けた人は、めでたくですね……セフレには2パターンいるっていう話を、冒頭にしたんですけど、あなたはただのセフレではなく、「何も考えてなかったけど、なくはないかな」ゾーンに今、います。

ルナ　はい、おめでとうございます！

お琴　おめでとうございます！

ルナ　付き合えるかって言ったら……**ごめん、パーセンテージはかなり低いね。**

お琴　そうだね。

ルナ　セフレから始まってるぶん、ちょっと難しいんだよね。でも、ゼロじゃない。

お琴　ゼロではないです。

ルナ　ここがポイントだよ。なので、オススメの方法としては、自分で「何か月ぐらいまで」っていう、「これぐらいまでにはっきりしなかったら諦めよう」っていう期限を設けて、関係を続けていくというのがオススメ……**でも女の子ってさ、やっぱり好きな気持ちって、期限を設けてもムリでしょ？**

お琴　うん、うん。

ルナ　だから、ぶっちゃけ、**もう、飽きるまで。自分が「イヤ」とか、相手を嫌いになるまで走り続けるしかない**んだけど、その間でどう攻めるか……。

お琴　じゃあ、その間に、どういうような感じに持っていけばいいか。どういう攻め方をすれば、パーセンテージを少しでも上げられるのかっていう話ですけど。これは、以前に『遊びと本命の違い』で、やりましたね。で、本命は遊びと何が違うかっていうので、私たちが結論づけたのは、**『弱みを見せられるか』**っていうことを、お話ししたと思います。

ルナ　はい。すごく繊細だよね。

お琴　はい。で、それがまた、ここでもキーになってきます。キーポイント。

ルナ　これはもうね、避けて通れない気がする。まず、その弱みを相手から引き出すことが大事だけど、なぜ大事かを、もう一度ここで、ちょっとわかりやすく説明させていただきますね。

お琴　はいはい。

ルナ　セフレを作る人って、そもそも前に突き進めない。付き合うことに、あまり前のめりではなくて、付き合うまでいかない人が多くて。で、なんでっていう話なんだけど、**過去にコンプレックスを抱いてる人が、多いんだよね**、悩みとか、さ。でも、それは人にも言えなかったり。いろんなコンプレックスがありますよ。たとえば、過去の恋人にめちゃくちゃ暴言を吐かれたとか……。

お琴　浮気をされたとかね。

ルナ　浮気をされたとか、もっとあると思う。体で、自分が気になることがあるとか。

お琴　そうだね。なんかもう、元々ね。

ルナ　ほかにも、バツイチだったら、子どもがいたりとか、いろんな人がいますよ。でもそういう**コンプレックスを、そんな簡単に人に言わない**じゃないですか。

お琴　うん。

ルナ　そこなんですよ。でも、それを言えないからこそ、言えたときに、その人ってすごく大事な存在になるし、そこで他と差がつきやすいんですよ！

お琴　なるほどね。

ルナ　だからこれを相手から引き出す！

お琴　これが重要。

ルナ　でも、本当に難しいんだよね、これが。

お琴　じゃあ、どうやって引き出すのっていう話だけど、これって、こういうセリフを言ったら引き出せるよ、っていうものじゃなくて。

ルナ　もうね、こればかりは、ね……。

お琴　コミュニケーションというか、人間性っていうのがあったりするから、その前段階でどれだけ彼と綿密にコミュニケーションを取るかっていうのが大事だと思う。この人に弱みを見せても受け入れてくれるなっていう関係を築いていく。

ルナ　ここが大事なんだよね。受け止めてくれそうだなって思わせる努力っていうのは、いくつかできるかもしれない。

お琴　うん、そうだね。

ルナ　例えば、自分が……みんながみんな、弱さがあるわけじゃないけど、**失敗とかコンプレックスを、自分から先に提示する。**

お琴　はいはい。

ルナ　そしたら、なんか、言いやすいじゃん。あと、大事なのが**「好き」って言わずに、受け止める姿勢を見せる、**みたいな。

お琴　おぉ～!!

ルナ　これね、めちゃくちゃ大事なことなんですよ。

「好き」に重さを持たせるために

ルナ　弱みを引き出すことと同じぐらい大事なんだけど、**「好き」って言っちゃいけない、簡単に。**

お琴　フゥ～!!

ルナ　女の子って、これをめちゃくちゃやってそう。特に、セフレの子ってすごいやってると思うんだけど……今も言ってる子がいたら、すぐにやめてください。手遅れじゃないといいけど、っていう感じ。

お琴　たしかに！

ルナ なんでダメかっていう話なんだけど、「好き」ってさ……自分のことを何も知らない人がめちゃくちゃ「好き」って言ってくれました、と。でも、実はその人には言ってないコンプレックスがあります。じゃあ、「**この人は私の何を知ってるんだろう**」って思うじゃん。で、「コンプレックスを見せたら、この人は離れるな」って思いませんか。
お琴 そうですね〜。
ルナ 何も知らない段階で「好き」って言わないの。「好き」って言いたいなら、弱みを引き出したときに、**「それでも、好き」。これが一番強い「好き」だから!!**
お琴 「好き」の重み(笑)
ルナ 重みのある、価値がある「好き」だからさ。だから、テキトーに「好き」「好き」って言ってる子って、むしろそれは相手をどんどん追い詰めてる。
お琴 っていうか、離れていっちゃってるよね。「好き」「好き」っていうことで、相手に対してアピールしてるつもりが、どんどん相手から離れていっちゃってる。
ルナ そうなのよ。これは罠なのよ!!
お琴 **「好き」を安売りしない**。
ルナ 受け止める姿勢ですよ。「好き」を言わないと冷たい人みたいになっちゃうかもしれないけど、そういうことじゃなくて。
お琴 好意を見せることは大事だけど、言葉で「好き」っていうのは、やめる。
ルナ そういうことですよ。で、あとは、**器の大きさを見せる**。普段から、たとえば「誰々の彼氏がこういうことをしてさ〜」みたいな、ヘイトの話ばっかりをすると、やっぱりそういう人には何も言いたくないじゃん。「この子、批判的な子だな〜」とかで終わるから、どんな悪い話もポジティブに変換できるような人間性の人は、結構、セフレからでも本命になりやすいんじゃないかなって。でも、こればかりはね……。
お琴 人間性ってことですね。
ルナ 結局ね。変えられないからね。
お琴 これは別に、小手先のテクニックじゃなくて、シンプルに人間性の話になってしまうっていうことですね。
ルナ はい。だから今回のタイトルを聞いて、『アダルトーク』さん、どんなセフレでも本命になれる方法を、何か考えたのかな」って思ってる人がいるかもしれないけど、全くそうではありません。
お琴 結構、限られたところの話……。
ルナ これで付き合えたとしても、それは別に……このルートを通ったからっていうよりは、やっぱり相性が合ってたんだと。
お琴 そうとしか言えない。そう思う。別に、このルートを全部たどればってことでもないし、逆に、このルートがなくても付き合う人っているから。
ルナ そう。だから、前に言ったけどさ、これをやれば付き合えるってことって、ないのよ! 絶対にないと思うの、恋愛において。でも、**これをやったら付き合えないっていうのは、ある**と思うの。
お琴 あぁ〜! そうだね、そうだね。
ルナ だから、そういう言動を聞いて、やめてもらって、少しずつ変わっていってもらえたらいいなって思います。**あなた**

の綺麗な、綺麗な時間がね、少しでもそういうテキトーな男にとられないように。

お琴 そうだね。

ルナ これ、アレだね。今、男性って言っちゃったけどさ、女性でもそういう、セフレを持つ女の人っているわけだから、男女問わずなんだけど。皆さん、**自分の価値をちゃんと認めて、その価値をわかる人と出会えることを、祈っておりますよ**

adulttalk 神回⑨位
レストランでプロポーズは避けてほしい!!(お琴&ルナ)

#44 理想のプロポーズ(爆笑妄想10連発!!)

お琴 はい。じゃあ、5位、いきます。5位、**「夜景の見えるタワー」**。

ルナ はいはい。え!?

お琴 空の上でプロポーズを……。

ルナ 夜景の見えるタワーって、何? 東京タワー?

お琴 うん。

ルナ 東京タワーでプロポーズをされたい人がいるの? え、「このなかに～?」(笑)

お琴 リベンジャーズ(笑) だから、うーん、夜景よね。夜景だね、これは。

ルナ すごく嫌なことを言っていいですか。

お琴 いいよ(笑)

ルナ 夜景って、東京タワーとかスカイツリーから見るじゃないですか。もちろん、高いところから見るから、綺麗じゃないですか。でもね、**もっと綺麗な夜景ってね、飛行機の上からの夜景**だと思ってるの(笑) そんな東京タワーからの夜景でさえ目をくらませる飛行機からの夜景だから……。

お琴 え、じゃあ、飛行機でのプロポーズ……。

ルナ イヤだよ!!(笑) 冷静に、イヤだ(笑) CAさんとかに「お客様～!?」とか(笑)

お琴 あはは(笑) なんか、お客さんも全員で祝ってくれるかもよ!?

ルナ イヤだよ! 恥ずかしいわ(笑) 絶対にイヤだ!

お琴 夜景には絶対に響かない、と。

ルナ 「夜景も見えた」は、嬉しいけど……。

お琴 プラスアルファでってことね。

ルナ ホテルの夜景を見ながら、とか、東京タワーの夜景を見ながらって、それがメインじゃん。それは、あまり好きじゃないかも。

お琴 夜景を見に行く、みたいなことは、あんまり好きじゃないってことだよね。

ルナ イヤかも。でも、夜景がプラスで見えたらラッキー。「綺麗だな～」って言うかも。

お琴 レストランとかで、すごくいい夜景見えました、みたいな、そういうのだったらいいってこと?

ルナ え、そこでプロポーズってこと?

お琴 そう。

ルナ 私、**レストランでプロポーズとか、論外。絶対にイヤだ！**

お琴 あ、これは前も話したよね(笑) レストランで告白されてもさ、みたいな(笑)

ルナ プレートにイエスorノーでしょ(笑)

お琴 **レストランで告白されてもさ、小声でさ……(笑)**

ルナ 「(小声で) よろしくお願いします！」って(笑)

お琴 そんな感じになっちゃうよねって話をしたよね(笑)

ルナ 恥ずかしいよね(笑)

お琴 イヤだ？

ルナ イヤだ。ちょっと待って。レストラン、ランキングに入ってないよね!?(笑)

お琴 ちょっと待ってください。急がず、急がず。**第4位、「東京ディズニーランド／東京ディズニーシー」**。

ルナ あぁ〜！

お琴 いいねぇ〜!! めっちゃ良くない？

ルナ シンデレラ城の前で、とか？

お琴 え、場所はわかんないけど……。

ルナ でも、よく言わない？ シンデレラのガラスの靴を持って、みたいなやつ。

お琴 あ、書いてありますよ。「夜のショーが終わった瞬間や、シンデレラ城のところでひざまずいてのプロポーズは、周りもうらやむ素敵なシチュエーション」って。

ルナ なるほどね。え、シーだったら、どこでやるの？ ランドなら、シンデレラ城の前だけどさ、シーってさ、どうする？

お琴 わかんない(笑) ランドに行くんじゃない？

ルナ **タワー・オブ・テラーの前とか(笑)**

お琴 ちょっと違うんじゃない？(笑)

ルナ じゃあ、これは!?(笑) タワー・オブ・テラーの前で女の子が「怖い、怖い！ ムリ、ムリ！」って言ってて、男が手をギュッとして、「いや、怖くないよ。これ、一緒に生還できたら、結婚しよ?」って……。

ルナ&お琴 「えっ!?」(笑)

ルナ 「え、今なんて!?」って(笑)

お琴 あははは(笑)

ルナ そしたらシリキ・ウトゥンドゥが出てきて「うわ〜!!」って(笑)

お琴 だったらさ、ハイ！ ハイ！(笑)

ルナ 何!?(笑)

お琴 そこでは何も言わないけど、タワー・オブ・テラーで落ちるときってさ、写真を撮るじゃん。そこで**彼が、何かを持ってる**……。

ルナ キモ〜!!(笑)

お琴 「結婚しよう」とか(笑)

ルナ キモい(笑) 先に写真を見てる人たちがザワついてるんでしょ(笑)「うわ、あの人じゃない?」って(笑) めっちゃウケる(笑) あ、でも、タワー・オブ・テラーってさ、頂上で夜景も見えるから、さっき言ってたオプション(笑)

お琴 夜景、見える!!(笑) うわ、プロポーズスポットなのかもしれない!!(笑)

ルナ しかも、吊り橋効果みたいなことで、「イエス」って言わざるを得ないとか(笑)

お琴　あはは(笑)
ルナ　ヤバい、意外といい場所なのかも(笑)
お琴　なるほど……なるほど、じゃないけど(笑)
ルナ　今のは何位でしたっけ?
お琴　4位。
ルナ　なるほど、納得の4位(笑)
お琴　絶対、違うけどね(笑)　絶対、そんな趣旨じゃないけどね(笑)　じゃあ、**第3位！『ふたりの思い出の場所』！**
ルナ　……公園?(笑)
お琴　タコの滑り台の公園!?(笑)
ルナ　そうそう(笑)　っていうか、その書き方はズルくない!?
お琴　これはズルいよね。
ルナ　どこだろう、最初のデートの場所とか?
お琴　あ、そうそう。
ルナ　でも、それは嬉しいかもね。
お琴　それとか、**告白した場所とか。**
ルナ　あぁ、嬉しいかも。「覚えてる?」とかって言われたら、「え、なんか、あったっけ～?」みたいな。
お琴　いや、覚えてないんかい(笑)
ルナ　え、でも、いいかも。
お琴　これはナチュラルだよね。
ルナ　言い方がズルいな、とは思ったけど。
お琴　そうだよね。場所ではないから、思い出に頼った感はあるよね(笑)　ランキングに文句を言うっていう(笑)
ルナ　そうそう(笑)

世間と感性がズレている2人

お琴　じゃあ、第2位！　いいですか?
ルナ　もう2位?　早いね。待って、待って……レストラン、入るな！　頼む～(笑)　レストランだけは入らないでくれ～!!
お琴　じゃあ第2位！**「レストラン」!!(笑)**　フリが完璧(笑)
ルナ　いや、なんかね、マジでそんな気がした(笑)　レストランが入らないわけがないと思った。
お琴　私の顔が物語ってた!?(笑)　「いくぞ、いくぞ」って(笑)「ルナ、絶望しろ」って(笑)
ルナ　でも、2位でしょ?
お琴　そう。1位がまだあるんよ。
ルナ　それは、せめてもの救いだけど、レストランってそんなに……これ、「理想の」だよね?　海とか、シーとかよりも、勝つの!?
お琴　勝つんだね～。
ルナ　**「海とかシーとか」って、一緒やし(笑)**　ディズニーシーだね(笑)
お琴　どうですか、感想を……。
ルナ　えっ、わかんない。マジでその感性は、生まれ持ってこなかったから、わかんない。
お琴　なるほど(笑)　でも、レストランは、さっきも言ったけど、リアクションにちょっと困るよね。周りの目も気にしちゃうし。
ルナ　うん。
お琴　小声で返事しなきゃいけないし(笑)
ルナ　ドラマとかでさ、「今日はこれを着て来てね」みたいな……ほら、韓国ドラマとかでありそうだけど、パーティードレスみたいなのを用意されてて、それを着ていったら、すごい綺麗なレストランで……っていうのだったらいいの？　みんなは。
お琴　え、いいの？
ルナ　イヤだ(笑)　レストランは絶対イヤだ！
お琴　だって、それはレストランにプラスで、ドレスがあったってだけじゃないの？
ルナ　オプションをつけてみた(笑)
お琴　ドレスを用意されたってことで、ね。
ルナ　そうそう。でも、マジでどんな流れなんだ⁉
お琴　気になるよね。
ルナ　わかんない、わかんない。もう、言うことないんだもん。
お琴　でも、これに関しては、2位に入ってるから、割と需要はあるんだよ。ウチらの感性が合わないだけで、世間ではそれが憧れるシチュエーションなのかも。
ルナ　じゃあ、やられる可能性も高いってこと？　イヤだ〜！(笑)
お琴　じゃあ、もう、未来の彼氏にこれを聴かせようよ。
ルナ　もう、ずっと言っていこ(笑)
お琴　じゃあ、いいですか。第1位です。ジャカジャカジャカジャカ……ジャン!!　**「海外旅行先」**〜！
ルナ　え⁉　めっちゃ予想外のやつがきた！
お琴　「非日常な空間でプロポーズ」、これ、めっちゃ良くない？
ルナ　確かに、めっちゃいいかも。
お琴　いいよね！　私も「これはいい！」と思った。
ルナ　超幸せな旅行にならない⁉
お琴　ね、ヤバくない⁉
ルナ　これは、忘れられない旅行になる。
お琴　それこそ、結婚してからも、その場所に……毎年はムリかもしれないけど、定期的に行くと思う。
ルナ　子どもができてからも、行くよね。「ここでね……」なんて言って(笑)
お琴　めっちゃよくない⁉
ルナ　ちなみにお琴だったら、どこ行きたい？
お琴　リゾートがいいな〜。
ルナ　私もビーチリゾートがいい！　暑くて、海が綺麗なところがいいね。
お琴　だからさ、これ良くない？　**海外旅行で、ビーチで、プロポーズされるの。**
ルナ　詰め込むじゃん(笑)
お琴　詰め込んじゃった〜(笑)　でも、私は**バラの花束100本は欠かせない**から。そこだけは譲れないから！
ルナ　海外で用意するの、結構、ダルくない？(笑)

---

adulttalk　**神回⑩位**

「イケメン」に秘められた嘘とラブホのパネルの前に立つな！

#10 女の本音！「○○○○」の本当の意味は？数々のフレーズを本音に訳していく禁断の回

ルナ　「イケメン」っていう言葉あるじゃん。みんな普通に「イケメン！」って使うと思うんだけど、**「イケメン」って恋**

愛対象外じゃない？

お琴　……それ、めっちゃわかる!!　**好きな人には「かっこいい」って言う。**

ルナ　そう、「かっこいい」ってワードになるんよ！

お琴　「イケメン」とは言わない！

ルナ　言わないよね。だから、「イケメン」って、男の人が聞いたら「え、あいつのこと好きなんだ？」って思うかもしれないけど、逆なんよ！　これも裏ワードで、「私の好みではなくて、世間一般的に受ける顔をしてますね」が「イケメン」で、「かっこいい」は「私のタイプです」！

お琴　たしかに、裏ワードだわ！

ルナ　これ、見つけちゃったとき、感動したんだよね(笑)

お琴　「イケメン」って、褒め言葉なんだけど……。

ルナ　だけど……。

お琴　その人からして、**脈アリかどうかっていうと、ナシだわな。**

ルナ　ナシなんだよね。

お琴　これ、おもしろいね(笑)

ルナ　なんだろう、女の「闇」ではないけど、ね。うまく言ってるなぁ〜って。

お琴　でも、「イケメン」って、結構、使うよね。「あ、イケメンじゃん！」とか、軽いんだよね。

ルナ　軽いのよ！

お琴　軽く使うよね(笑)　たしかに、「かっこいい」って言わないもんな、あんまり。「イケメン」は本当に軽く使えるけど……。

ルナ　初対面の男友だちが連れてきた人とかにも「え、イケメーン」みたいな。

お琴　言えるよね。

ルナ　で、すぐ話が変わる、みたいな(笑)

部屋のランクは私の値段!?

ルナ　なんか、変な話していい？　あの、「アダルトーク」を始めていい？(笑)

お琴　あ、どうぞ、どうぞ(笑)

ルナ　なんか、ホテルとかに行ったとして、部屋のランクあるじゃん。で、極端な話、一番上と一番下しか……(笑)

お琴　いや、それをね、最近見たのよ(笑)　インスタの恋愛コラムみたいなやつでね……。

ルナ　え、友だちの話とかじゃなくて？(笑)

お琴　違う、ちゃんとインスタグラムの恋愛コラムを見て(笑)、なんか彼女に惚れ直したエピソードみたいな。で、付き合って1か月ぐらいの彼女とラブホに行ったときに、一番上のランクの部屋と、一番下の部屋をするランクの部屋しか空いてなくて……。

ルナ　まさにそれ(笑)

お琴　彼氏が「**どうしよう、安い方がいいけど、でも言えないし……**」って思ってたら、彼女が「あ、安いほうが空いてるじゃん」って言って、彼女が安いほうを選んだって。それで惚れ直したっていう……いい女エピソードで上がってた(笑)

ルナ　それって、ちゃんと付き合ってて、彼氏彼女の関係が長かったら、もちろん安い部屋でいいよね。「そんなの、変わらないよ」って……。

お琴　そう。付き合ってたらさ、やるよね。「空いてるじゃん、安いところ！」っていくけどさ……。

ルナ　でも、もしもそれが、まだ付き合いたてとかさ、それこそ付き合ってない人とかってなったときに……。

お琴　バカ気まずい!!(笑)

ルナ　これは、エグいぞ！　自分だったらもう……、見てらんないの。目を絶対そらす。

お琴　部屋選びのときでしょ？

ルナ　そう。

お琴　あの瞬間、気まずくない？　A、B、C、Dの4段階があってさ、Aがいいほうで。どこが正解なの？　選ぶのって(笑)

ルナ　え、Dはないじゃん。

お琴　うん、Dは、なんかイヤだよね。

ルナ　Aを選ぶ人って、お金とかにも余裕があって、自分でパッと押すだろうから……でも、ほとんどの男性って押さないじゃん。だから、**BかCっていう、ザ・日本人みたいな無難な……(笑)**

お琴　BかCになるよね(笑)

ルナ　そのBとCが5000〜6000円ぐらい違うとして、男の人ってぶっちゃけ、どっちでもいいじゃん。

お琴　そうだね。男の人はさ、ぶっちゃけさ、安い方がいいじゃん、そんなの。

ルナ　間違いないよね。でも、女の子からしたらさ……。

お琴　なんだろうね、なんかすごく気にしちゃうよね(笑)

ルナ　前にさ、「**予約してくれたお店の食べログの評価は、女の評価だ**」って話をしてたじゃん。

お琴　うわ、それと関係あるかも！

ルナ　それと、ちょっとリンクしない？

お琴　値段でしょ。だから、この値段が自分の値段じゃないけど……。

ルナ　そう思っちゃうから、いいに越したことはないし……。

お琴　たしかに、いいに越したことはないよね(笑)

ルナ　その人のプライド問題でもあるわけじゃん。この人は、そういうところにプライドを賭けるのか、別に安いほうを選ぶのかってさ……ほとんどの女の子は口を出さないと思うから。

お琴　出さないし、出せないよね。

ルナ　うん。出せないし、なんか、見てられない。

お琴　話を振ってほしくないよね。「どの部屋がいい？」とか言われても、「いやいや(笑)」ってなるよね。だから、勝手に決めてほしいよね。本当に、**入ってすぐ、パンッ！　パンッ！　パンッ！って、どれを押したのかわかんないくらい……(笑)**

ルナ　瞬殺で(笑)

お琴　でも、それが良くない？(笑)

ルナ　確かに「どの部屋を選んだかわかんなかった」ぐらいのほうが……めちゃくちゃパネルの前で悩んで選んだAの部屋よりも、瞬殺で選んだCの部屋のほうがいいかもしれない(笑)

お琴　いい！　もう、迷いなく、ね(笑)

ルナ　何があったかわからない、嵐のような(笑)　もう、パネルの前に立つな、と！

お琴　マジで、**パネルの前に立つな**、だね。

ルナ　いかにあそこを秒で過ごすか、だよね。あの時間を(笑)

お琴　それ、すごく大事。

adulttalk special column

・単独インタビュー・

ルナに直撃！

「じつは私、CAやってました。辞めたけど……」

『アダルトーク』でのポジティブで明るいキャラと、時おり見せる天然さ。
テンポのよいトークで番組を引っ張っていくルナに、相方お琴との出会いと、
番組では話してこなかった裏事情に迫ります！

Luna's Interview

お琴との初対面……印象ない（笑）

お琴との出会いは、高校生でした。私とお琴がそれぞれ通っていた高校が共同でイベントをやる企画があって、それぞれの学校からスタッフが選ばれる中に、お互い声がかかっていて。顔合わせをしてからはスタッフとして一緒にやっていたんですけど、なんか……、何の印象もなかったな……（笑）お琴に対して、特に何も思わなかった気がします。〝みんな男女で仲良さそうだな〟と思ったくらい。今みたいな関係性になるなんて、まったく思っていませんでした。

イベントが終わったら、年に1回会うくらいの友達になるかなと思っていました。〝0にはならないけど〟みたいな。気が付いたら、100近くになっていましたね。

私の高校は、それまで男子校だったのが、私が入った代から共学になったので、先輩は全員男性でした。だから、先輩たちは女の子が入学してきて少しソワソワしていましたね。でも、思ったよりはモテなくて。『花ざかりの君たちへ～イケメン♂パラダイス～』ってドラマあったじゃないですか。それぐらいチヤホヤされるかなって思っていて……。いや、チヤホヤされはしたんですけど、想像よりはちょっと浅かった（笑）なんでだろう？　普通に私が魅力なかったんですかね（笑）もうちょっとモテたってよかったよな～（笑）モテてなくはないですよ。男女比率的に、自動的にモテるシステムなので（笑）

男友達も、結構多かったです。当時、お互いを苗字で呼び合う文化があって、女性からも苗字で呼ばれていたんです。そのノリで男の子も〝おい！〟みたいな。だからこういう喋り方になっちゃったのかもしれないです（笑）

とにかく文化祭に命をかけていて。帰宅部だった理由も、部活よりも文化祭にすべてを費やしたかったからです。人前で話すのが好きで、文化祭の後夜祭の締めに、みんなの前で話す時間があって、そこに立ちたくて。1000人くらいの前で、〝今しかできないことを〜〟って話をしました。クサいですよね(笑)

初恋は、好きすぎて別れた

当時、初めて〝好き〟っていう感情を教えてくれた先輩がいました。今の私にはない、初々しかった時代ですね(笑) その人は、真面目であまり面白みがない人。けど、めちゃくちゃイケメンで、そこに惹かれて私からアタックして。塩顔の高身長で、とにかく顔が好きで……。友達がその先輩と知り合いで、学食で話しかけていたときに、一目惚れをして。まずはmixiで攻めたのかな。だんだん校内で話したり、モノを貸し借りしたりするようになって……。

付き合ったきっかけは文化祭です。AKB48の『大声ダイヤモンド』や『10年桜』を大人数で踊ったんですが、めちゃくちゃうまく踊ったら、付き合えました(笑) これ、本当なんですよ! 先輩たちの中で〝あいつ、かわいくない?〟って私が噂になっていたみたいで、それに焦って向こうから付き合おうって。AKBさんのおかげです(笑)

でも、付き合ったら頭が〝好き〟でいっぱいになっちゃって。これってどうなんだろう?〟て思って、私からフって別れました。もっとほかに、やるべきことがあると思って。

当時、歌手になりたくて、歌を習っていて作詞作曲もしていて。授業中にメロディーが思い浮かんだら〝トイレ行きます!〟って言って、トイレでボイスレコーダーに録音するぐらい本気で。だから彼をちょっと邪魔に思ったのかもしれないです。「好き」に支配されると、歌手という目標がダメになるかもしれないって謎のストイックさで。

でも、やっぱり好きでしたね。あと、別れても時間の使い方は変わらなかったし……。本当に後悔しました。結局、別れて半年くらい経ってから、彼のバイト先まで〝もう1回付き合いたい〟って言いに行きました。でも〝今更、もう遅いよ〟って。〝俺、別の人に告白されて、その子と向き合おうと思っているし〟って言われて、初めての失恋を経験しました。そのとき、別れの重さを学びました。別れて、その後に復縁したいって言ってもダメなことのほうが多い。当時、彼が言ったことはもっともだと思いました。

「別れる」って、ケンカをするとつい言っちゃったりもしますが、その言葉の重さは常に感じますね。

ポッドキャスト、知らなかった

お琴から『アダルトーク』に誘われたときは〝あ、いいよ。やってみても〟って即答。ここまで大きくなるなんて思っていなくて、まぁ、趣味になるかなと、ある意味、何も考えてなかった……(笑)
まず、ポッドキャスト自体を知らなかった。でも、誘ってくれるものに〝NO〟って言う理由はないかなと思って。お琴だからOKしたわけでもなく、他の人に誘われてもOKしていた(笑) ただ、誘ってくれたタイミングがすごくよくて。私が仕事で暇になっていた時期で、めちゃくちゃ時間あったんですよ。そこをいいタイミングで捕まえてくれました。もしかしたらお琴は、私のインスタグラムを見て〝こいつ、いつも遊んでいるな〟って思っていたのかも(笑) 本当に、運命だと思っています。

結構、いろんなことに即答するタイプです。もちろん悩むことはあるけど、興味のほうが強い。好奇心がめちゃくちゃあるので、リスクよりも、まずはやってみたい。かっこいいじゃないですか。〝私やったことあるよ〟って。それで、今に至ります。

実は某大手航空会社でCAとして働いていたので、会社には内緒でコソコソやっていました。周りの知り合いたちは〝なんか面白いこと始めたね〟みたいな反応でしたけど、そのうち、〝でもさ、儲からないでしょ〟って言われて。それがすっごい悔しくて。

マネタイズできて、少しずつ認知されてくると〝めちゃくちゃかっこいいじゃん、普通の人にはできないよ〟と、手のひら返したような反応をしてくるんです。もちろん〝面白いことやってるね〟と、見守り続けてくれる人もいますが、やっぱり変わりますね、人は。

でも〝まぁそうだよね〟って思います。私、そういう部分を客観的に見ちゃうところがあって、私が私じゃないポジションから私を見ていたら、たぶん同じように思うんですよ。〝CAのほうが夢あるし、稼げるように見えるよね〟〝身を削ってるように見えるよね〟って。だからそう思われても仕方ないかな、みたいな。

もちろん、悔しいという気持ちはあるので、早くギャフンと言わせたいですね。今は、それがひとつの楽しみでもあります。もっと頑張って頑張って、人気になって、〝あーなんも言えない〟って思わせるのも、モチベーションになっています。

パイロットはとにかくモテる

そもそも、CAという仕事を選んだのは、母の影響でした。私の母もCAだったんです。就活のときに〝CA

めっちゃいいよ。旅行行けるし。それで、パイロットと結婚しなよ〝って言われて〝あ、いいじゃん！〟って思った次の日に、大学でいちばん仲がよかった友達に航空会社のインターンに誘われたので〝これは運命だ！〟と思って。そこからですね。

いざCAになって、パイロットに出会ったら……、うーん……（笑）パイロットって、結婚したら飛行機もほぼ半額以下で乗れて、お休みも多くて安定していて、夢のあるお仕事だからかっこいいじゃないですか。でも、職場にはCAとして女性がたくさんいて、男性パイロットは少数でとにかくモテる。しかも職業柄、地方でも海外でも渡航先に泊まるので、遊んでいる男性が多いんですよ。CAの中では〝結婚するならそれを覚悟で〟という共通認識があるくらいでしたから。

今は、この職業の人がいいというのはないけど、自分がやりたい仕事をしている人がいいなって思い始めました。普通の会社員でも、お笑い芸人でも、とにかくそれがやりたくて働いている人に惹かれます。自分が社会人になって、いろんな仕事をしている人と集まるようになると、やっぱり愚痴が出ることが多くて。それはしょうがないんですけど、嫌々働いている人ってカッコ悪いなと思って。働くんだったら生き甲斐を持ってやっている人のほうが魅力的ですし、応援もできる。私も今、『アダルトーク』にめちゃくちゃ生き甲斐を感じているので、そういう人がいいなって思います。

あと、ある程度、適当な人が合うのかなって。……あ、違うな、今のなし（笑）ひとつ言えるのは、社交的な人がいいです。父が社交的なんですよ。人とうまく付き合える人のほうがいいのかな。

あとは、しっかりしている人がいいです。なんでもできちゃう人。私がなにもできないから、頼りたいですね。私、自分が賢いとは思ってないので。そこはわかっているつもりなんですよ。だから、できないことは頼って、逆に彼ができないことを私がしてあげたい。

周りから見たらどうなのって思われるかもしれないですけど、これまで、人に頼って、人に救われて生きてきました。それで学習することもあるけど、今でもできないことが多いし、『アダルトーク』でもお琴に頼っていることもあるし、今の彼氏に頼っていることも家族に頼っていることもある。もちろん、それを相手が苦としていたり、重荷になっていたりするときは言ってくれます。だから、頼ることは悪いことではないと思うんです。

例えば、事務的なことは全然できないですね。パソコンもまったく使えないです。そのぶん、人付き合いだけは人一倍できるという自負があるので、その強みで、相手のためになるようなことをしたいです。仕事に繋がる人を紹介したり。私がしてあげられることって、私だけじゃなくて、私の友達と繋げてっていうのも含めてだと思っているので、ちょっと特殊かもしれません(笑)

両親も聴いているみたい……です

『アダルトーク』をやっていることは母には全部話していました。母は〝人生一度きりなんだから、もうやりたいと思ったらやってみなよ。その代わりちゃんとやりなよ〟というタイプです。父には話していなかったけど、母が〝ルナ、頑張っているみたいよ、賞もらったらしいよ〟みたいな感じで、伝えてくれていました。さすがに番組の内容も内容だし、CAをやっていたので、変なことをしてほしくないという思いはあったでしょうね……。でも、この前、父にもきちんと言いました。

両親とも、『アダルトーク』は聴いてないって言っています。でも、たまに〝それエピソードで言ったやつだよね〃という内容が、会話に出てくるんですよ。だけど一応、聴いてないそうです(笑) 両親なりの気遣いなのかなと思って、これからもノータッチでいきます(笑)

私の最終的な幸せって家族なんですよね。仕事はずっとしていたいけど、家族が幸せな形で幸せになりたい。これだけは、小さいころからずっと思っています。私、とにかく家族が大好きで、めちゃくちゃ仲よしですね。仲がいいと言っても、毎週みんなで集まるとかではなくて、全員B型だし、家にいてもバラバラなことをしているんですよ。なんなら、ご飯も食べるタイミングも一緒じゃないですし。でも、心地いいし、家族のグループLINEもかなり稼働してます。最近あった面白いことを誰かが送ってきて、コメントするみたいな。めちゃくちゃいい家族だと思います。

でも、たぶん両親も世間一般の夫婦と変わらないんですよね。ケンカもしていますし。家族仲がいいって言うと、両親がラブラブでまったくケンカをしないみたいなイメージを抱くと思うんですけど、別にそういうわけではなくって。根本的なところで家族のことが大好きで、絶対にお互いを守るというのがなんとなくわかって、繋がっている感じです。いつか結婚したら、必ずしも今の家族みたいにならなくてもいいけど、それくらいの仲のよさは欲しいかな。心地よさは欲しいかも。

あと、実は私の母、YouTuberなんですよ。再生回数がめちゃくちゃいくとか、チャンネル登録者数が何万人とかではないですけど、多少はマネタイズしているみたいです。YouTubeをきっかけに、ネタ作りも兼ねて両親が2人で定期的に旅行しているんです。その様子を動画に撮って投稿していて。〃素敵な夫婦!〃って思っています。両親は顔出しを……しています。いや、絶対教えないですよ!(笑)

What is LUNA like?

『アダルトーク』では語られないルナの一面にアプローチ。

ルナの好きなマンガ5選

- ONE PIECE /尾田栄一郎
- 銀魂/空知英秋
- 北斗の拳/武論尊、原哲夫
- GALS!/ 藤井みほな
- 約束のネバーランド/白井カイウ、出水ぽすか

ルナの待ち受け

愛犬のトイプードル。母親の誕生日プレゼントとして迎え入れた新しい家族であり、その日の写真。プレゼントを相談していた兄から「犬はどうだろう」と電話が。その時、ルナも犬は？と兄に電話をしようとしていた！　ミラクル!!

ルナの好きな曲5選

- 君の知らない物語/supercell
- Marry you / Bruno Mars
- 予感/SUPER BEAVER
- Oh！/少女時代
- Sweet but Psycho /Ava Max

マッチングアプリのルナプロフを見せちゃいます

基本情報

性別	女性
年齢	29 歳
交際ステータス	独身
居住地	東京都
出身地	未設定
血液型	未設定
兄弟姉妹	未設定

学歴・仕事・外見

最終学歴	大学卒
学校名	未設定
職業	その他
年収	年収秘密
身長	165cm
体型	普通の体型

恋愛・結婚について

結婚歴	未婚
子どもの有無	なし
結婚に対する意思	良い人がいればしたい
子どもが欲しいか	未設定
家事・育児	未設定
出会うまでの希望	気が合えば会いたい
初回デート費用	未設定

生活・趣味

同居人	未設定
休日	不定期
お酒	飲む
タバコ	吸わない

< 担々麺 編集

担々麺 29歳

本人・年齢確認済み

最近、チョコザップデビューしました。
(まだ始めて 2 日です)

好きな人が欲しくて最近ト〇カレを見るようになりました！！
返事は遅いかもですが、ちゃんと見ます！

お琴&ルナに 100の質問！ 前半

番組内で自分たちの恋愛体験やセックス事情をあけすけに語っているけど、
他のパーソナルな部分はナゾ……。 というわけで、2人にぶつけた100の質問。前半スタート！

Q1. 生年月日は？

OKOTO 10/27/94

LUNA 7/28/94

Q2. 血液型は？

OKOTO B型 LUNA

Q3 身長は？

LUNA 165cm

OKOTO 153cm

Q4. 出身校は？

OKOTO 明治大学

LUNA 中高大、法政！

Q5. 出身地は？

OKOTO 埼玉県

LUNA 東京都

Q6. 家族構成は？

OKOTO 母父弟

LUNA 母父兄犬

Q7. 好きな食べ物は？

OKOTO いくら

LUNA 炭水化物

Q8. 嫌いな食べ物は？

OKOTO 梅干し

LUNA パクチー

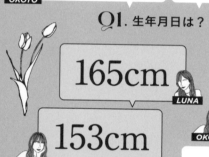

Q9. 得意な料理は？

OKOTO：建前は煮込みハンバーグ♡（本当は餃子）

LUNA：クリームパスタ!!!

Q10. 好きなおにぎりの具は？

OKOTO：ツナマヨ

LUNA：いくら

Q11. 好きなお酒は？

OKOTO：アマレットジンジャー

LUNA：ガリ酎

Q12. 得意なことは？

OKOTO：どこでも寝られる

LUNA：いつでもどこでも友達を集められる

Q13. 苦手なことは？

OKOTO：歌うこと

LUNA：泳ぐこと

Q14. チャームポイントは？

OKOTO：目の下のほくろ

LUNA：鎖骨下のほくろ♥

Q15. 好きな色は？

OKOTO：オレンジ

LUNA：白

Q16. 好きな動物は？

OKOTO：犬

LUNA：犬と子ライオン

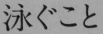

Q17. 得意なスポーツは？

OKOTO ダンス

LUNA 卓球

Q18. 得意な科目は？

OKOTO 音楽以外

LUNA 音楽

Q19. 長所は？

OKOTO 思い立ったら即行動するとこ

LUNA 人生にポジティブ

Q20. 短所は？

OKOTO 飽き性

LUNA 自由すぎる

Q21. コンプレックスは？

OKOTO おっぱい

LUNA 下半身ダイナマイト

Q22. 自分の性格をひと言で表すと？

OKOTO 気分屋

LUNA 天真爛漫

Q23. 似ていると言われる芸能人は？

OKOTO 高橋真麻さん

LUNA 上原亜衣さん

Q24. 口癖は？

OKOTO そそそそそ！

LUNA なんか

Q25. 学生時代の部活動は？

OKOTO バレーボール部

LUNA バスケ部

Q26. スマホの待ち受け画面は？

OKOTO：小網神社

LUNA：愛犬♡

Q27. 好きなコンビニチェーンは？

OKOTO：セブン

LUNA

Q28. 好きな映画は？

OKOTO：Burlesque（30回は見た）

LUNA：A PERFECT WORLD（洋画の）

Q29. 好きなマンガは？

OKOTO：鬼滅の刃

LUNA：ONE PIECE

Q30. 初めて買ったCDは？

OKOTO：だんご3兄弟

LUNA：ORANGE RANGEのアルバム"RANGE"

Q31. 部屋はきれい？

OKOTO：綺麗です（ルナ認定）

LUNA：外出前の服選び後以外は綺麗！（笑）

Q32. 寝るときの格好は？

OKOTO：アダルトークTシャツ

LUNA：Tシャツと短パン！たまにランジェリー（笑）

Q33. 相方の好きなところは？

LUNA：いきなり大胆になるところ

OKOTO：良くも悪くもずば抜けるところ

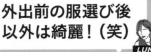

Q34. 相方に直してほしいところは？

OKOTO：意外とすぐにやめると言うところ

LUNA：もっと注意深くなってほしい

Q35. 旅行に行くなら？

OKOTO：ロサンゼルス

LUNA：10月のMünchen!

Q36. 直したいクセは？

OKOTO：感情的になるとすぐ泣く

LUNA：興味ない話を聞き流す

Q37. 生まれ変わるなら女性？ 男性？

OKOTO：絶対男性

LUNA：男性もなってみたい

Q38. いちばんメイクに時間をかけるパーツ

OKOTO：おめめ

LUNA：め

Q39. 相方に負けたくないところは？

OKOTO：そもそも土俵が違うから戦えない

LUNA：会計後の領収書争奪ジャンケン

Q40. 初恋は何歳？

OKOTO/LUNA：4歳

Q41. 初キスはいつ？

OKOTO/LUNA：17歳

Q42. 好きな男性のタイプ、1つだけあげるなら？

LUNA：どこでもやっていけそうな人

OKOTO：私を心から愛してくれる人

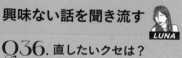

OKOTO 年齢は関係ない

LUNA 年上

Q43. 恋人にするなら年上？ 年下？

LUNA 追いたい

OKOTO 追われる派

Q44. 恋愛は追う派？追われる派？

OKOTO よく覚えてないけど 8 回くらい？

LUNA 79回

Q45. 今まで告白された回数は？

OKOTO 付き合った男にはほぼフラれてます

LUNA 4回

Q46. 今までフラれた回数は？

LUNA 人によって想いの強さによる

OKOTO 友情

Q47. 恋愛と友情、大切なのはどちら？

LUNA ピンチはチャンス

OKOTO 選んだ道を正解にする

Q48. 座右の銘は？

OKOTO ガソリンスタンド

LUNA センター街のファミマ

Q49. 最初にしたアルバイトは？

OKOTO 大手通信会社営業

LUNA CA

Q50. 最初の就職は？

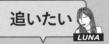

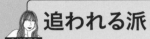

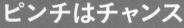

adultalk

2

夜の営み♡

リスナー人気が男女問わずに高いのは「夜の営み」に関するトーク。
実体験に基づいて、赤裸々にときにはお下劣に、ルナ&お琴が語り尽くします。
女性同士でも、恋人でも聞けなかったアノ答えがココにはあります！

「東京秘密基地※1」初体験で本番交渉

お琴　マッサージしてるとき※2にいろんな質問をしていたんだけど、そのひとつとして、〝お客さんとかって、こんなエッチなことしているから、**本番※3の要求とかしてこないの?**〟みたいな。

ルナ　絶対ありそうだけどね!

お琴　もちろん、お店的に絶対にNGだからダメなんだけど、〝そういうことを言ってこないの?〟って言ったら〝結構言われるよ〟って。で、〝そういうとき、どうするの?〟って。

ルナ　あー、めっちゃ興味ある

お琴　聞いたら、〝うーん、なんか、傷つけないように断るんだ……〟みたいに言ってて。なんかちょっと考えて、私が〝**いや、でもどんな言い方されても傷つくな**〟って言ったの。

ルナ　まあ、間違いないけど。

お琴　そしたら〝じゃあ、後で本番交渉してみ♡〟って。

ルナ　うわー!!

お琴　〝え、していいんですか?〟みたいな。

ルナ　てか、なんか**煽り方がうまい**。

お琴　うまいよね!

ルナ　興奮するもん。

お琴　興奮するじゃん!

ルナ　でも、それってさ、結局さ、OKとは言ってないから、ちゃんと、やんわりと避けているわけじゃん。

お琴　〝やってみ?〟って感じじゃん。でね、で! アラーム鳴ったんですよ。あともうシャワー込みで15分みたいな。もう私しか責められてないの。でも、私はさ、〝本番交渉してみ♡〟までこぎつけたかったのね! どうしても本番交渉したかったの!

ルナ　煽りにまんまと乗せられている(笑)

お琴　したかったの! でもさ、ってことはさ、もうちょっと彼を興奮させないといけないじゃん、こっちも! **女としての火がついたの。**もうあと15分ってなったから、〝ちょっと交換しよう〟みたいな感じになって、

※1　全国に80店舗以上をFC展開している女性向けの派遣型風俗店。

※2　本書ではカットしたここまでの流れを簡単に説明すると……好きなプレイや性癖などのカウンセリングをしてシャワーを浴びた後、下着を着用せずにバスローブ一枚の状態で、通常のオイルマッサージが行われた。徐々に、セラピストが下半身を擦りつけてきて……。

※3　〝本番〟とは、挿入ありの性行為のこと。風俗店のうち「本番」がOKなのはソープランドのみで、デリヘル・ピンサロ・メンズエステなどでは、売春防止法違反などで店が摘発されるため〝本番〟は禁じられている。

私が攻めさせていただいたんですよ。

ルナ お金払って奉仕するってことなんだ(笑)
お琴 攻めさせていただきまして……、その延長で、ちょっと……〝しよ?〟みたいな。
ルナ え?
お琴 したの! 本番交渉しましたよ。
ルナ あーびっくりした! 本番をしたのかと!
お琴 違う(笑) 本番交渉しました! したんですけど。なんかもはやさ、本番交渉の仕方なんてわかんないじゃん。こっちも初めてだし。
ルナ 交渉(笑) あんまり**エッチの際に〝交渉〟って使わないから**(笑)
お琴 逆の話は結構聞くじゃん。男性が風俗嬢に本番交渉。
ルナ 〝いくら払うから〟みたいなね。
お琴 〝いくら払うから。**先っちょだけ**〟みたいな。
ルナ ねえ(笑) 先っちょだけってマジで舐めてる(笑)
お琴 私それやった(笑)
ルナ 待って(笑)
お琴 わかんなすぎて(笑) 〝ちょっと……。先っちょだけ……〟とか言って(笑) 私は〝風俗に来ているおっさんか!〟みたいな(笑) マジでもう、自分でも面白くて(笑) でも、そういう風に言っても〝ダメ♡〟とか言って。
ルナ あー、プロだー! お琴ヤバすぎ!(笑)
お琴 セラピスト、プロでした!(笑) すごい素敵な、経験をさせていただきました! はい!

今度は3人でのプレイ……!

#170 女性用風俗【東京秘密基地】で3P!?~拘束/縄縛り~

お琴 幽体くん※1と2人になったんですけど、2人のときにね。
ルナ 何?
お琴 なんか〝今は2人っきりだから……〟って言って、めっちゃチューしてくんの!

※1 セラピストのあだ名。由来は以下。幽体くん:事前の飲み会で好きな体位を聞いたら、あまり見たことのない、男女2人とも仰向けになる体位だと回答。その体位が『ザ・たっち』のギャグ〝幽体離脱〟と似ていたため、命名。

ルナ え、待って！　めっちゃエロいんですけど！

お琴 めっちゃエロいじゃん！　〝えっ!?　なにこのドキドキ感！〟みたいな。

ルナ 待って。そんなプレイが隣で行われていたの!?

お琴 そうなの！　**〝駅弁くん※2には内緒ね♡〟**みたいな感じで、めっちゃチューしてきて、〝ほんとに可愛いね〟みたいな。超言ってくれて！

ルナ え、なにそれ。

お琴 〝え、燃えるんですが〟と思って!!

ルナ それは燃えるでしょ。

お琴 でしょ！　〝燃えるんですが〟ってなんじゃん！　で、出てきたから、〝出てきちゃったね（小声）〟みたいな感じになって、イチャイチャがストップするわけじゃないですか。〝じゃあ交換ね〟って言って、次、駅弁くんですよ。で、〝あ、やばい！〟と思って。〝これ、もしかして、駅弁くんにもキスされちゃう、私!?〟みたいな。〝え、もうどうしよう!?〟って（笑）

ルナ **頭がバグってる**（笑）　お花畑すぎて（笑）

お琴 そしたら、普通に世間話された（笑）

ルナ いいね〜！（笑）　落差あっていいね〜！

お琴 落差っていうね。

ルナ 振り回されっぱなしや。でもまだ始まってないからね？

お琴 そうよ、まだ始まってない。まだシャワーです、まだシャワーでございます。だから、ここで思ったよね。〝セラピストさんによってもやり方とか性格とかって全然違うな〟って。

脱毛以来のあのポーズ

お琴 そんな感じで出てきて、スタートするわけですよ。最初はうつ伏せでマッサージスタート。

ルナ いいよね、普通のマッサージ？

お琴 そう、普通のマッサージ。ま、**どんどんちょっとエロな感じになっていく**わけですよ。で、時間の配分をカウンセリングで結構聞かれる？　聞かれた？

ルナ 聞かれた。

※2　セラピストのあだ名。由来は以下。駅弁くん：立った状態で男性が女性を抱きかかえて行う〝駅弁〟という体位が好きなセラピストだったため、命名。

お琴　聞かれたよね。
ルナ　あの**ファンタジーマッサージ**※3と……。
お琴　そう。ファンタジーマッサージと普通のマッサージ。
ルナ　どうしたの？　配分。
お琴　任せたんだけど。
ルナ　私も任せた。
お琴　けど、〝1回経験しているよね〟という話になったときに、〝エロを長めにしとけばよかったんだよね〟みたいなのをたぶん聞いていて、**エロ長めだった。**
ルナ　おーい！　いいじゃないですか。
お琴　そうなんですよ。で、どんどん、どんどんエロになっていくんですけれど……。
ルナ　うん、超気になる！
お琴　なんか、うつ伏せになって、バスローブを脱がされて、**〝四つん這いになって〟**みたいな。
ルナ　ねえ、四つん這いってマジで恥ずかしくない⁉
お琴　恥ずかしい！（笑）恥ずかしいよ！　私、脱毛以来だったんだけど！　体位で、とかはあるけど、それ以外に、なんか……（笑）〝四つん這いになって〟って言われて、脱がされて、全部。で、**前と後ろで起こされるわけ！**　起き上がらせられて。
ルナ　えっ、待って、ヤバい！　ヤバイ、ヤバイ！
お琴　で、前と後ろよ？
ルナ　前って⁉　いや、ヤバいかも！
お琴　もう、**サンドイッチですよ**！　筋肉の‼※4
ルナ　めっちゃ嬉しそう（笑）ちょ、待って、ポッドキャストだから見せられないのが残念なくらい笑っている（笑）

どちらのどなたの何でイってるのか……

ルナ　3Pならではのさ、〝どっちが来る？〟みたいなさ！
お琴　まじで。それ！　ほんとに！
ルナ　〝どっちも来る！〟みたいな。

※3　ファンタジーマッサージとは、〝アダルト〟なマッサージのこと。女性の性感帯を直接的に刺激して、〝ファンタジー〟な世界へと導く。

※4　お琴は筋肉好き。#33ディベート【黒ゴリマッチョvs白ちょいポチャ／童貞vsヤリチン】で熱く語っている。「筋肉は目の保養！男らしさがにじみ出ていてよい。筋肉は男性の努力の証！」（お琴）

お琴 どっちも来るんですよ！　これ、マジですごい。そんな感じで。で、その後は、なんか、**上担、下担みたいな。**

ルナ それって固定なの？　シフト制？

お琴 シフト制！　シフト制なんですよ！　これまた！（笑）　なんか基本的にどっちかが担当で、イったら交換みたいな（笑）

ルナ うわ！

お琴 そんな感じでしたね。

ルナ すご……！　すごいわ。そっちの世界すごいわ。激しそう！

お琴 そう。ほんとにすごくて。てか、そのファーストイキ、そのプレイの中のファーストイキの話ですけど。

ルナ はい。

お琴 私がMっていうことも言っているから、2人ともちょっとSっ気出してくれるわけ。それで2人に、〝いい？　イクときは、イクって言うんだよ？　言わないでイったら許さないよ？〟みたいなこと言われるわけですよ！（笑）

ルナ いいかも（笑）

お琴 いいじゃん、いいじゃん！　でさ、Mだから、従うわけじゃん。イクとき〝イク！〟って言うじゃん。

ルナ **何を聞かされているんだろうか。**

お琴 え。そしたらね、ファーストイキね、**寸止め**されたの。〝うわ、マジ焦らしのプロ〟と思って。

ルナ 超好きじゃん！（笑）

お琴 超好き（笑）

ルナ やばい（笑）　なるほど。

お琴 その後、ほんとにですよ、1回イったらですよ。何回イったかわからんし、マジでこれマジの話ね。

ルナ すごいね。

お琴 何回イったかわからんし、どちらのどなたの何でイってるかもわからなくなって（笑）

ルナ （爆笑）

お琴 私さ、〝目隠しをしないで、2人の顔を見たいです。視覚的興奮も味わいたいです〟って言っていたんだけど、もうイキまくりすぎてずっと目閉じていたのね！（笑）　これ、もったいなかったと思って!!（笑）

ルナ 〝これじゃ、目隠ししても一緒だ！〟と(笑)
お琴 そう！ 目隠ししても一緒だった。なんか後からすごい思った。
ルナ でも、ちょっとわかるのが、マジでちゃんと気持ちいいから、他の余裕がないんです。
お琴 ない！ ないよね！ なくなるの!! ほんとにそうで!!
ルナ 自分でも予想外の出来事だった。だからお琴が隣の部屋にいようがマジでどうでもよかったし。
お琴 そうなのよ。気になんなかったよね。どうでもよかったね※5。

#65 性行為中の疑問（この時どうしてる？）

男性がゴムをつけているときの過ごし方

ルナ 男性がゴムをするときって、どうしてる？
お琴 何しているかってこと？
ルナ そう。男性がゴムを自分でしてるときに。
お琴 それ、私も聞きたいわ！
ルナ **うちら暇じゃん。**
お琴 そう、暇だよね！
ルナ あれ、暇じゃん。どんな顔して何してる？
お琴 あー、たしかに。気になる。
ルナ 相手のこと触っていたりする？
お琴 しない。
ルナ しないよね。
お琴 つけるときは、なんかもう見守る、それを(笑) 見守るっていう言い方あれだけど、待っている。シンプルに。
ルナ どこ見て？
お琴 でもさ、基本的に男性ってさ、**後ろ向いてつけない？**
ルナ てかなんかさ、ちょっと隠してさ……、あれなんで？(笑)

※5 その後、リピートは……「してない!!」（ルナ）、「しようか何度も迷ったし、サイトを見て誰を指名しようかまで考えたけどしてない(笑)」（お琴）

お琴 わかる！（笑） 真正面でつけないよね！
ルナ あんだけみんなおっぴろげなのに、すごいちょっと小っ恥ずかしそうにつけるじゃん、あれ何？
お琴 わかんない！（笑） 恥じらいなんじゃない？ 男性の。
ルナ 恥じらいなの⁉ だから、なんか**無意識に目を逸らしちゃうの。**
お琴 あー。
ルナ **見ないふりして。**
お琴 だから逆に私はそれをちょっと……、見守ってる。
ルナ なんで見るんだよ（笑） こいつマジ（笑）
お琴 え、見守ってんだけど（笑） ダメ？ ダメ⁉※1
ルナ わかんない（笑）
お琴 え、でもなんか、逸らすのもなんか変じゃない？ 何するのが正解？
ルナ でも恥ずかしいんでしょ、彼は。
お琴 あ、はい！
ルナ 何？
お琴 〝私がつける♡〟※2
ルナ 出た！ うち、つけられないわ。つけ方わかんない。
お琴 マジ⁉
ルナ 〝つけて〟とか言われたことあるけど、〝わかんない〟って。
お琴 これ結構ナチュラルに一番いいんじゃない。
ルナ うん。
お琴 〝つけて〟って言われて〝いいよ、つけてあげる〟って。
ルナ あーちょっとこれさ、**〝やっている感※3〟**あるよね。
お琴 え、どういうこと？
ルナ え、やっている感ない？
お琴 〝遊んでんな〟って？ でも、男性で〝つけて〟っていう人いない、あんまり。いないと思う。
ルナ ほら、やっぱ隠したいぐらいだもん。小っ恥ずかしいことなんだよ、それ。

※1 ジッと見ていても、「男性からのリアクションは特になく、男性はゴムをつけることに必死なので、たぶん私が見てることに気づいてない（笑）」（お琴）

※2 実際にゴムをつけてあげたことは…「あります（笑）」（お琴）

※3 〝やっている感〟とは、「ゴムをつけ慣れている……どこで覚えたんだ？ 遊んでる子なのか？〟みたいな意味です」（ルナ）

お琴　なるほどね。
ルナ　わかった！　**音姫**※4**みたいになんか、音でさ（笑）　ごまかせばいいんじゃない!?（笑）**
お琴　音姫の役割してあげるってこと。
ルナ　〝あ〜〟って（笑）
お琴　どういうこと!?　してあげるの!?
ルナ　いきなり話しかけるとかは？　〝そういえば昨日さー〟って（笑）
お琴　場繋ぎ!?（笑）　話してあげるの?（笑）　場繋ぎ（爆笑）　〝そういえば昨日さー〟（笑）
ルナ　ちょうどいいエピソード。**30秒とか1分近くのミニエピソードを挟む！**※5
お琴　1分もたたなくない？
ルナ　たたないか、たたないか。
お琴　30秒ぐらいじゃない？　もっと短いよ。
ルナ　難しくない？　20秒とか？　あー、難しいな、20秒のエピソードなんて。
お琴　エピソードトークを話すが正解なの？　これ（笑）

#87 ラブホあるある

ラブホでの部屋選びの微妙な雰囲気

お琴　部屋選びのタイミング、気まずくなりがち。
ルナ　あ、わかる〜!!　入ったはいいものの……。
お琴　そうそうそうそうそう。
ルナ　**〝パネルの前に立つな〟**っていうね、回※1がありました！
お琴　ありましたね。
ルナ　うちもそのパネルの前でのあるあるなんだけど、内装どれでもいいって。
お琴　あー、たしかに。
ルナ　同じ金額が3つぐらいあって、でも金額は決まっているから、ぶっちゃけどれでもいいんだけど、人によって〝どの内装がいい？〟って（笑）

※4　「音姫」はトイレで用を足す際に、他人に音を聞かれる恥じらいから、日本の大手住宅総合機器メーカーであるTOTOが開発した、その音をかき消す音を流す装置。「音姫」というネーミングは〝擬音〟の〝音〟と〝美しい姫〟を意味する〝乙姫様〟をかけ合わせたもの。

※5　ミニエピソードを一つ。「海外旅行したとき、日本語がうまい現地の人がいてさぁ。『日本語うまいね』って言ったら『うん、パパとママもニホンゴシャベル。あと、ばばあとじじいも！』って返ってきて（笑）〝あ〜合ってるけど違うんだよな（笑）〟って!!　教えてきたわ〜（笑）」（ルナ）

※1　#10「女の本音！「○○○」の本当の意味は？　数々のフレーズを本音に訳していく禁断の回」で語られている。

お琴　わかる、聞いてくるよね！（笑）

ルナ　いや、その、**住むわけじゃないから**、別にどれでもいいんだけど、一応見るよね。一応ね（笑）

お琴　一応選ぶよね、でも。

ルナ　見るんだけど、やっぱどれでもいいんだよね※2。

お琴　そうそう（笑）

ルナ　あるある。

お琴　これはたしかにあるあるだわ（笑）

エレベーターと部屋の距離

ルナ　まだエレベーターあります！

お琴　まだあるんかい！

ルナ　正確には、エレベーターがチンって着きました！　ドア開きました！　部屋どこだろう！　あら！

エレベーターから部屋が遠いとラッキー感が出る説。

お琴　（笑）

ルナ　逆にさ、チンって着いてエレベーター開いてさ、部屋真ん前のやつ※3光っていたらさ……。

お琴　嫌だ！（笑）

ルナ　マジかって思わん!?（笑）

お琴　それちょっとわかるわ！　〝遠かったらラッキー説〟、全然ピンとこなかったけど、近かったら嫌だ（笑）

ルナ　わかるよね!?（笑）

お琴　わかる！　あー、なるほど、なるほど。

ルナ　じゃあ、部屋に入りますか！

お琴　部屋に入りましょう。はい。入りました！　何かある？

ルナ　え、**いったん全部の扉開ける説。**

お琴　じゃあ、はい。**枕元のボタン、いったん全部押す！**

ルナ　**電気でしょ!?（笑）　ちょうどいいのを探す（笑）**

お琴　そう、ライティングの確認（笑）

※2　そういうときは「中間の値段で、無難な色合いの部屋を選びます（笑）」（ルナ）

※3　選んだ部屋の場所がわかるようにドア付近にある号室プレートが光る仕組みになっている。

いったん見るシリーズ

お琴　いったん見るシリーズで、**ビデオオンデマンドにいったん何があるか見る。**

ルナ　ちょ、待って(笑)わかる(笑)

お琴　わかる？〝ここのホテルこれ入っているんだ〟って(笑)〝この映画見たい〟みたいな(笑)

ルナ　なんなんだろう、みんなさ(笑)**内見かのように**(笑)あと、**お風呂場、絶対見るよね！**

お琴　見る！

ルナ　すぐにお風呂場、見ない？

お琴　見て、はい！　バブルバスだとテンション上がる。

ルナ　うち、絶対に泡風呂する※4って書いた(笑)

お琴　だよね！　テンション上がるよね。これね！

ルナ　ここぞとばかりに、お湯すぐ入れる。

お琴　同じ！　で、ついでに、**お風呂に照明あるとテンション上がる。**

ルナ　わかるわかる！　わかる〜、ヤバい!!

お琴　お風呂もなんか綺麗にライトアップするのあんじゃん。

ルナ　いいね！　超わかる！

お琴　テンション上がる。

ルナ　あと。はいはいはいはい。さっき言った、いったん全部の扉を開けるときに冷蔵庫開けるじゃん。その**冷蔵庫がグッズ系**※5**だったら、〝おぉ、このホテルやるな〟**って思う説。

お琴　あ〜、グッズ系ってさ、基本的にさ、買えるようになっているやつだよね。

ルナ　そうそう！

お琴　電マ、売っているみたいな。

ルナ　そうそう、冷蔵庫っぽいやつに入っているじゃない。そういうとこって冷蔵庫みたいなのが2個あるのよ。1個はそういうなんかローションとかバイブとか入っていて、1個はちゃんと普通の冷蔵庫でね。だから2個あるとこは〝やんな、ココ〟って思う(笑)

お琴　なんか〝おぉ〜〟ってなるっていうね。じゃ、はい。冷蔵庫なんだけど、**あんまり見たことな**

※4　お風呂には「一緒に入る！」(ルナ)

※5　水やお酒だけでなく、アダルトグッズが売られている冷蔵庫型ボックス。庫内が仕切られており、希望の商品のボタンを押すと購入することができ、チェックアウト時に精算する。ローターやバイブ、ローションなどのアダルトグッズが5種類程度。コンタクトレンズの保存ケースと洗浄液のセットなど日用品も売られていることがある。

いパッケージの水※6が置いてある。

ルナ　(爆笑)　めっちゃ面白い！　それめっちゃ面白い!!

お琴　わかる(笑)　絶対見たことないからオリジナルなのか……。

ルナ　某有名な『いろはす』さんとか。

お琴　そうそうそういう。

ルナ　そういう、でも、富士山で取れたような水とかはないと。

お琴　絶対ない！　絶対にないから!!(笑)

ルナ　普通には入手できない水があると。

マンネリ解消にしりとりプレイ!?

#108　H中のセリフ・男性の喘ぎ声【本気で感じているときは逆に○○】

ルナ　**新しいプレイを生み出しまして。**

お琴　え、え、え、赤ちゃんプレイみたいなの？

ルナ　違う！(笑)　違くて！　行為の始まりに彼が耳舐めから始めてきたのね。

お琴　はいはいはい。

ルナ　すごい耳舐めたり、耳元で囁きながら……。

お琴　何囁かれるの？

ルナ　〝しりとりしよ……〟って言われたの(笑)

お琴　耳元で(笑)

ルナ　で、うち耳舐められてんだよ。自分が考えてる間。

お琴　うん。

ルナ　で、まあ、しりとりしてくじゃん。で、うちがね、〝鈴〟って言ったの。

お琴　うん。

ルナ　そしたら彼が耳元で、**〝ズッキーニ〟**って(笑)　※1

お琴　(爆笑)

※6　ラブホによくある水ブランドには『麗(うるわ)しずく』『雪どけ天然水』『飛騨のしずく』『天然水ピュアの森』などがある。

※1　ズッキーニの他に出た言葉は「マンホールとぬかみそ♡」(ルナ)

ルナ　**エロかった〜。**
お琴　**ごめん、全っ然わかんない（笑）**　ちなみに今、予想したの言っていい？　〃ず〃って言ったから絶対、〃ずっと好き〃って言うのかと思った！
ルナ　あぁ〜！
お琴　ズッキーニかよ！（笑）
ルナ　あれ、めっちゃ笑った（笑）
お琴　いや、待って。それがなんなの？
ルナ　ズッキーニも使えるなって思って（笑）
お琴　ごめん、ズッキーニ、興奮ワードじゃないよ（笑）
ルナ　でもさ、なんかさ、ズッキーニってズッキーニ以外の何物でもないのに、**行為中に聞くと、すっごいやらしく聞こえる。**
お琴　ちょっと待って（笑）　**マジでズッキーニに謝れ！（笑）**
ルナ　お近くのスーパーでズッキーニに謝っている人がいたら、それ私です。
お琴　そのしりとりプレイ、結構、気になんだけどさ、それ、終わりはどこなの？　だってさ、一生しりとりしているんでしょ、耳元で囁きながら。
ルナ　これおもろくて。なんだっけな、なんかの後に〃んっ〃て言っちゃった（笑）　終わった、それで（笑）
お琴　そういうことね！（笑）　喘ぎ声で〃んっ〃って言って（笑）
ルナ　〃ん〃がついたから終わりました！
お琴　なんなんだそのプレイは！※2

#31 夜の営みで理解してほしいこと（女のキモチ）

「ムリ」「イヤ」が本当の意味なとき

ルナ　〃ムリ〃とか〃イヤだ〃って言葉がさ、本当に嫌なほうか、〃もっときて！　超イイ！〃のほうか、どうやって判断……てか、どうやって違いを……。
お琴　使い分けるってことでしょ？

※2　ちなみに「このプレイは一度だけでした（笑）」（ルナ）

ルナ　そう。私ね、思ったんだけど。〝ムリ！〟って言いながら、手とか身体の部分を、ほんと〝弱〟の力で抵抗する、押さえたり、抵抗したら、来てほしい。いいほうなの。

お琴　なるほどね。

ルナ　マジで、例えばさっき言ったように、〝そこじゃない〟とか痛いってときは掴んで、**〝あ、もう死にそう〟って言ってどかす。**

お琴　（爆笑）めちゃくちゃ死にそうじゃん（笑）両方使うってことか！　じゃあ。〝死にそう〟ってめっちゃ気持ちいいときも使うし、ほんっとに痛いから死ぬって（笑）

ルナ　瀕死状態に陥りやすい（笑）

お琴　あー、なるほど。なるほどね。

ルナ　え、どうする？

お琴　無理なとき？

ルナ　ガチで、ほんとに。〝いや、ちょっとそこじゃないから〟みたいなとき。

お琴　私、ほんとに無理なときしか言わないかも。いいのに、いやとか言わないかもしんない。

ルナ　あ、じゃあ、お琴の場合は、〝イヤだ〟とか〝やめて〟って言ったら……。

お琴　〝やめて〟は、〝ほんとにやめて〟って感じ※1。

ルナ　そのトーンで言うの？

お琴　え、でも、たしかに……、あの……、ちゃんと、〝あ、やめて〟みたいな感じになる。

ルナ　**〝そこじゃない〟って言うの？**

お琴　言う言う言う。

ルナ　えーっ！　強！

お琴　でもね、言えないときもあるよね。

ルナ　私言えない。〝そこじゃない〟は言えない。1回立て直す。

お琴　あー。

ルナ　別のあれ※2で立て直す

お琴　なるほどね。うん。いや、でも難しいよね。あの、言える人と言えない人いる。

ルナ　あー、それなんなんだろう。相手の自信とか経験値があれなのかな。

※1　それでもやめてくれない場合には「さらに冷静な感じで本気で言いますね（笑）」（お琴）

※2　「別のあれ」とは「マイターンでバナナ責めに持ってきます」（ルナ）

お琴　そうそう。

ルナ　プライドありそうだなって思ったら言えないし、慣れてない子だったら〝そこじゃないよ〟ってこと。

お琴　そう。

ルナ　あ、あるかも。

お琴　あとは関係値だよね、自分とその人の関係値。めっちゃ仲良かったら言いやすいけどさあ、そうでもなかったら言いづらいみたいな。

ルナ　例えば仮に**ワンナイトとかだとしたら、それは逆に言え……。**

お琴　**言えないと思う。**

ルナ　言えないんだ。

お琴　わかんない。いや、ワンナイトでの経験ないんだよね。

ルナ　あー、なんか、なるほどね。これ、人によってやっぱ違うのね。じゃあ、その、喘ぎ方とか〝やめて〟の使い方っていうのは、難しいね、判別。

お琴　人によって違うかもね。逆に、いいときに〝嫌だ〟って言うわけでしょ。

ルナ　言う言う。

お琴　それは、雰囲気を良くするためにってこと?

ルナ　えっとね、**AVの見すぎ**※3ですね。

お琴&ルナ　（爆笑）

ルナ　ここにもいた〜!

お琴　学ぶ欲がすごい!　なるほどね。私、シンプルに、〝もっとして〟って言うよ。

ルナ　えー!　それエロい!　めっちゃエロい!　やばい!

お琴　わかりやすいかも、だから。

ルナ　いいね!

お琴　ちゃんと、嫌なときは〝嫌〟って言うし、

ルナ　すごいわ。なんかアメリカン。アメリカンだわ。おもろいわ。

お琴　いや、おもろいね。

ルナ　人のさ、特に同性の子がどうしているかって、意外と知らんから。

※3　「女優さんや男優さんにはこだわりがなくて。王道ですけどマッサージ系はよく見てました」（ルナ）

お琴　知らない。知らないよね。

男性の〝モノ〟の大きさ

ルナ　男性がよくさ、なんていうんだろう。**俺の〝モノ〟が小さい**※4とかさ、コンプレックスを抱えてる人っているじゃん。でもさ、そんなのさ、**気にしている女の子なんてほんと50人中1人**いるかいないかぐらい。もっと100人に1人って言ってもいいか。

お琴　そう思う！　女の子、意外と気にしてないからね。

ルナ　全っ然気にしてない。もちろん、なんか〝ちっちゃいな〟とかって思うことあるかもしれないけど、そこじゃないんよ。

お琴　そう。私、それ経験あって。

ルナ　何、何？

お琴　あのね、ほんとにね、めっちゃちっちゃい人に出会ったことがあるの。ほんとに〝**入ってんのかな。入ってないのかな**〟みたいな。なんかそういうレベル感の人と出会ったことがあるんだけど、でも、その人のその行為が別に悪くなかったの。

ルナ　おー！　それはなんで、また。

お琴　え、だから、その、**前さばきと後さばき**※5**がすごいよかったから。**

ルナ　テクニックとか？

お琴　そうそうそうそう！

ルナ　しかもなんか、ちゃんと時間をかけてやるんだろうね。

お琴　そうなの！　だから、もうこれは別にその〝モノ〟は関係ない。〝モノ〟の大きさはマジで関係ないなって。

ルナ　ないよね！　だから、そこに全てを、なんて言うの、重きを置かないでほしい。

お琴　逆に、自分の〝それ〟に自信ある人も、結局、それだけじゃ女の子を満足させられないぞって言いたい。

ルナ　ねぇ～！　わかる！　なんかさ、むしろさ、おっきい人でさ、それをいいことに、ドヤってさ。

お琴　え、いる。

ルナ　〝これがあるから、入れれば完璧！〟みたいだと、マジでそれ、**後でディスられてるから**※6。

お琴　間違いない！　マジで、後でディスられてっからなって思う!!

※4　アダルトグッズメーカー『TENGA』の調査（2012年）によると、日本人男性の平均ペニスサイズは以下の通り。長さ：13・56㎝　亀頭の直径：3・53㎝　竿の直径：3・19㎝

※5　前さばきは前戯を意味し、後さばきは後戯を意味する。

※6　どんな風にディスられているかというと……『バナナが大きいからって愛撫で手を抜くタイプの人は全っ然ッ気持ち良くない』って言われてるんじゃないかな」（ルナ）

ルナ それはダメだよ。そこじゃないんよ。
お琴 そう、そこじゃない！　もう、ほんとそう！
ルナ それはいいことなんだけど。じゃ、そこにプラスアルファの。
お琴 それ。
ルナ 間違いないわ。
お琴 だよね。
ルナ 言えてる言えてる。
お琴 ほんとそうだと思う。
ルナ なんかさ、さっきのさ、ちっちゃい人。先輩にいるんだけどさ、その人が言っていたのは、〝女の子が、たぶん入っているかわかんないと思う〟って。やっぱコンプレックスなんだって。だから〝俺の場合は、**いろんな女の子とヤってきたけど、ノーカンでいる**〟って言ってた(笑)
お琴 自分で言うのもちょっとかわいそうだね。
ルナ 〝女の子の記憶にすら残ってない〟とか言って(笑) みんな、大丈夫だよ、全然。そこじゃないから！

男たちよ、女性の下着を褒めろ！

#27【勝負下着／キス／ヤリ◯ン特徴】アダルトーク!!

ルナ 私、思うことがあって。
お琴 はいはい。
ルナ 男性陣、言うてさ、そんな**下着ちゃんと見てなくない!?**
お琴 それめっちゃ同じこと言おうと思った(笑) 男性、マジで下着見てない説。
ルナ マジでさ、女の子、こんなに考えているわけよ。ちゃんと。
お琴 なんかさ、**下着でいる時間少なくない？(笑)**
ルナ そう、そう！　それなのよ！
お琴 服脱がしたら、もうソッコー、下着脱がすみたいなさ。
ルナ そう、どうでも良さそうじゃん。その感じ。

お琴　わかる！　でも女の子はそこも含めて見てほしいのよ。
ルナ　見てほしい！
お琴　しかも、上だけとか下だけ脱いでいるとかだと、結局**上下セットだから、下着って**※1。
ルナ　え、ねぇ！　めっちゃわかる！
お琴　そう。絶対！　見てほしいの！
ルナ　そう！　そう！　それでしかない!!　ほんとに！　ほんとに！　いや、これさ、両方つけている時間、マジでないじゃん。
お琴　ない！
ルナ　ね！
お琴　ないよね！　だからさ、終わった後に、わざと私、**下着姿でたまにうろつくときある(笑)**
ルナ　あえてね(笑)
お琴　〝おい、見ろ見ろ！　今日かわいいんだぞ！〟って。
ルナ　え、下着とかさ、え、褒められることある？　〝下着かわいいね〟みたいな。
お琴　〝かわいいね〟って？　褒め……いや、少ないよ。
ルナ　少ないよね。
お琴　少ない！
ルナ　だから、それ、男性褒めればいいのにって思う。
お琴　え、嬉しいよね。
ルナ　そう。だから別に、なんとも思ってなくてもいいから。
お琴　**嘘でいい。**
ルナ　嘘でいいから、お世辞でいいから。**とりあえず〝下着かわいいね〟**って言ったら、その男性のポイントが上がると思う。
お琴　上がる！
ルナ　上がるよね！
お琴　たしかに！　なんかテンション高まるかも。そのスタートの。

※1　あえて上下セットにしていない日は、「絶対にヤらないと決めているから！　本命こそ！」(ルナ)、「気を抜いている日(笑)」(お琴)

お琴　スタートのテンション上がるよね！
ルナ　これ、面白いわ。めっちゃ面白い！　ヤバい、いいね。アダルトークしてるね。
お琴　アダルトークだわ。

キスで相性わかる説

ルナ　なんか、じゃあさ、下着はそうとしてさ、また一歩進んだ話。キスについてなんだけどさ。キス、まあ、フレンチ※2とディープあるけど。**ディープキスで相性わかる説。**
お琴　もう共感でしかない（笑）え、なんかもうそれでわかる。
ルナ　わかるよね！
お琴　ディープキスした時点で、もうその後の展開わかる。
ルナ　え、わかるよね！
お琴　わかる、わかる。
ルナ　なんかそこで〝あれ？〟って思うと……。
お琴　もうその後もダメ！　全部！
ルナ　だよね！　**噛み合わないんだよ、一生。歯車がなんか。**
お琴　そう！　あ、もう〜、わかる〜！
ルナ　ね、わかるよね！
お琴　やっぱみんなそうなの!?
ルナ　え、わかんない。けど、ずっと思ってたの。なんかそれって、自分だけなのかな、って思ってたけど……。
お琴　そう。私も思ってた。自分だけなのかなって。
ルナ　やっぱ。え。だからこれ科学的にさ、なんかないの？※3　証明されてないのかなって。あんま聞かないじゃやない。
お琴　聞かない。
ルナ　あるよね。
お琴　なんでだろうね。
ルナ　わかんない……。てか、男性はさ、そう思ってないのかな。

※2　日本では「フレンチキス」のことを唇が触れる軽いキス、挨拶程度のキスと解釈されているが、実はディープキスと同義。本来は舌を使う濃厚なキスを意味する。

※3　オックスフォード大学の研究者が「女性にとってキスは未来の伴侶を選別する上で重要な役割を担っているとする」との研究結果を発表している。

お琴　たしかに。気になる！

ルナ　気になるよねぇ！　でもなんかさ、好きな人とキスだけしちゃったとかってときに、〝あれ、でもなんか微妙だったな〟って思っちゃうと、なんか心配になるの。

お琴　その後がね。

ルナ　そう。これから付き合って、なんか、そうなったとして、あんまり実は良くないんじゃないかって。別にもちろんそれだけが全てではないけど、なんかこう、ちょっとさ、わだかまりではないけど、自分の中にできそうな気がして。

お琴　だから、やっぱ**大人になるとさ、結構さ、順番がさ、前後になっちゃう人多い**じゃん。

ルナ　逆にさ、先にしないと、確かめないと嫌だって人もいるよね※4。

お琴　結構多いじゃん。

ルナ　よく聞くね。

お琴　まあ、だから、それも、ありっちゃありなのかな、みたいな。思うよね、この年齢になるとさ。

ルナ　たしかに。なんかさ、科学的にさ、そういうトータルでのそういう相性がよかったら、性格も合うってなったら、それもう成立してるんじゃない。

お琴　あっ！　それ面白いかも。てかさ、そしたらさ、すごくさ、簡単に探せない？　性格とかはさ、結構わかんない部分あったりするじゃん。けど、キスとかそういう相性ってさ、もう合うか合わないかではっきりわかるわけじゃん。

ルナ　はっきりするから、まあ、普通のときもあるけどね。

お琴　たしかにね(笑)

ルナ　でもそれは、何も……、なんか〝普通〟なんだろうね。

お琴　えー、なんかそういうのって面白い。

ルナ　あったらさ、時代が変わりそうじゃない？

お琴　うん、時代変わりそう。

ルナ　変わるよね、感覚がさ。でもそうなったら、**ちゃんと学校でそういう教育とかもされるかもしれないよ。**

お琴　あー。そういう時代くるのかな？

※4　「私は事前に確かめる派です」(ルナ)、「私はできれば付き合う前にはしたくない派です」(お琴)

ルナ　いやぁー、どうなんだろ。でも、来るんじゃないかな。だって、今ってもう、中学生とかでもそういうことがあるらしいからさ、怖いけど。
お琴　たしかに。
ルナ　ちょっとね、考えられないけれど。
お琴　そうだね。いや、でもやっぱそっか。キスでわかるよね。
ルナ　うん、わかる。わかるわ、嬉しいわ！　なんか。共感してくれるのめっちゃ嬉しい。
お琴　私も嬉しいわ。なんかシンプルに、キスが私、好きだからだと思ってたの。
ルナ　あ、なんかこだわりがってことね。
お琴　そう。
ルナ　わかんないよ。２人ともキスが好きなだけかも(笑)今度聞いてみよう、誰かに。
お琴　ね。そうだね。
ルナ　これ聞いてる人も、教えてほしい！※5

女子会で踏み込んではいけない領域

#37 〇〇説　男女のアレは嘘!?

お琴　これ。もうね、もう自信あります！
ルナ　何、何？
お琴　えっと、**女の子の〝Ｉ人でしたことない〟は、嘘**説。
ルナ　ちょっと待って(笑)一言言おう。**わかるでしかない！　マジでわかるでしかない!!**
お琴　え、これさ……、ね。
ルナ　あのさ、女子会でのさ、誰かがさ、切り出す子いるやん、たまに。いきなりなんの前触れもなく、何を思ったのか、いきなりさ〝あのさ……、みんなって、１人でして……る？〟って(笑)**シーーーン。**
お琴　シーンってなるよね！　なんなんだろうね。女の子同士でもさ、なんかそこの領域には踏み込んじゃいけない、みたいなさ※1。
ルナ　そう！

※5　キスが嫌いだった子が、２人目の彼氏との初キスで大好きになって〝相性かも〟みたいなDMがきたそう。

※Ｉ　女子会で踏み込んではいけない領域は他にもあって、「この歳になってからは、〝結婚〟は人を見て話を振らないと、とたまに思います。大人数の女子会では、大きい結婚指輪をしている新婚の子には、みんなの前ではなく個人的に話を振るようにしています。人によっては思うこともあるかもしれないので、一応……」(ルナ)

お琴 あんじゃん。
ルナ しかもその回答も絶対さ、みんな自分からは〝NO〟すら最初に言わないじゃん。
お琴 言わない(笑)
ルナ 誰かが〝え、私ない〟って言って初めて〝私も、私も〟みたいなさ。女子あるある。
お琴 女子あるあるだね。これね。
ルナ あれたぶん、**後半に〝私も!〟って言っているヤツ、嘘だよ!**
お琴 思う! 〝ない〟って言ったらもう〝ない〟が続くもん。〝私もなーい〟みたいな。
ルナ もうそれ巻き返すことはない。
お琴 ないよね! そう!
ルナ もう心理戦だよね。**ライアーゲーム**※2**始まっている**よね。
お琴 ライアーゲーム(笑)マジでライアーゲーム、あれは(笑)
ルナ めっちゃわかる! だから、最初に切り出した勇者はめっちゃかわいそうって思う。
お琴 ま、たしかに。
ルナ なんなんだろう。でも、その子はその子になんでそれ切り出したのかわかんない(笑)
お琴 それもそうなんよね。それは暗黙の了解で踏み込んじゃいけないゾーンを、結構いくわけだからね。
ルナ たしかに、たしかに! 意外と。だからみんな〝え、あれ嘘だよね〟ってなると思ったんだよ、たぶん。
お琴 あぁ〜。
ルナ このメンバーなら、なるんだろうって思って。
お琴 はいはいはいはい。このメンバーだったら、みんなたぶん言ってくれるだろう、って。だってさ、そういう女子会って絶対、その**前段階で〝あの男とヤった〟とか……**。
ルナ そうそう! 〝最近○○と……〟って話しているから!
お琴 絶対してるから。
ルナ で、そういう話はするくせに……。
お琴 **男と寝た経験とかめちゃくちゃ話すくせに、そういうことは絶対話さないよね!**
ルナ なんかさ、え、それさ、あれじゃない。〝この前さ、なんか年下のAとヤってさ……〟みたいな。
お琴 うん。

※2 原作は甲斐谷忍によるマンガ。2007年には、フジテレビ系で松田翔太主演でドラマ化された。自分の利益を得るために他人を騙すマネーゲームが描かれている。

ルナ　〝めっちゃ早かった〜！〞〝超ウケる〜！〞って言って、この流れからの、

お琴　〝え、てか１人でしたことある？〞

ルナ　〝ないないないない〞〝え、私もない！〞っていうこのさ(笑)アウェー感、マジで(笑)その時さ、どうしてる？　あるじゃん。そういう流れって。

お琴　あるね。あるね。

ルナ　どのタイミングで喋り出して何て言う？

お琴　いや、あのね、それ、私、ほんとに空気によるかも。

ルナ　あー、そのメンバーの？

お琴　そのメンバーの空気によるし、あと、どんだけ自分が酔っぱらってるか。

ルナ　(笑)シラフだと嘘というか……。

お琴　〝え、そんなことしたことな〜い〞

ルナ　マジで(笑)ヤバくない!?(笑)

お琴　〝え、ルナちゃんとか１人でするの〜？〞

ルナ　**売るな、売るな(笑)**　いるよね。でも、だけど、それがもし酔っていたら、回答が変わっているかもしれないってこと？※3

お琴　そうそう、そういうこと。

ルナ　だってさ、女性の、そういうサイトというか、身体のクリームとか売っているようなサイトでアンケートを取って、なんかわかったんだって※4。

お琴　うん。

ルナ　89とか、ほんと**90％近くの女子が〝１人でしたことがある〞**と。

お琴　あぁ〜。

ルナ　ということはだよ。その残りの10％が、たまたまその日、その飲み会に(笑)集合したと(笑)

お琴　おそらく、まぁそういうことだったのかな〜？　なわけないよね！

ルナ　なわけないよね。ほんと。

お琴　怖くない!?

※3　「お酒が入っている、かつみんなが正直に答えてたら言います(実体験あり)」(お琴)

※4　女性向けアダルトグッズサイト『ラブコスメ』のアンケート調査によると「寝る前にオナニーをすることがある」と回答した女性が9割近くだった。

お琴 なんでだろうね。なんでみんな言わないいんだろう。まあ、私も言わないですけど(笑)
ルナ 言ったら売られるって思うのかな。
お琴 え、言う?
ルナ 私はね、結構、〝え、**あの、昔ー回試したことはある。**……だけど、すごい昔だから覚えてない〟って言う。
お琴 昔の経験にすな!(笑) 絶妙なポジションとるじゃん(笑)
ルナ 具体的なこと喋る人って嘘だからね(笑) 絶対嘘。いつ何どきでも。

#43 アダルトーーーーク(夜の悩み)

ホテルに行ったら寝てしまう……

相談

こんにちは。26歳男性です。お2人の歯に衣着せないコメントと痛快なエピソードが面白くて、いつも楽しく配信を聴かせていただいております。

さて、そんな僕も実は最近、悩んでいることがありまして、お2人のご意見を聞きたいと思っております。いつも女の子と飲みに行くと、1軒目、2軒目と盛り上がってすごくいい雰囲気になり、ホテルまでは行けます。ただ、ホテルに行ったら行ったで楽しくなってしまい、**ホテルでも一緒に飲んで気がついたら寝てしまい、朝になってしまうことが多いです。**

朝からリベンジしようとしても、だいたい気持ちは冷めてしまっているか、ホテルのチェックアウトの時間が迫っているので、思うような結果に至りません。そこでお2人にお伺いしたいのは、どうしたら朝からリベンジできますか?

回答

ルナ **知らねえよ(笑)** 知らねえよ!(笑)
お琴 いや、ていうかこれ、まず言わせてほしいんだけど……、**寝るなよ!!** てか、逆にさ、なんかかわいくない? ホテル行ってさ、飲んで楽しくなって寝ちゃうんだよ。だって、ホテル行ったら、その、スイッチ入んないの? 普通。
ルナ なんかでもこれ、私たちは彼が〝寝ちゃうんですけど、どうしたらいいですか?〟って知っているからかわいいって思うけど、一緒にホテル行った女の子だったら、〝えっ、えっ……。**この人、できない**

人なのか、私に興味がないのか、なんだろう……〟ってなる※1から、女の子がホテルまで行ったら、もうやることって大概わかっているじゃない。だから、**ある意味、失礼！**

お琴　たしかに！　だって、覚悟を持ってきているもんね。ホテル行くってことはさ、もうこの後、ちゃんとヤりにいきますよっていうさ。

ルナ　そう。襲ってくるだろうってわかっているわけじゃん！　え、てかさ！　その人の飲み方を見たいんだけど！(笑)　よっぽど楽しいんだろうね。

お琴　でもこの場合、たぶんさ、**朝からリベンジできない**と思う。

ルナ　うちもそう思う！

お琴　思わない？　夜ヤッていなかったら……。

ルナ　朝よくさ、勃ったりするじゃない※2、男性って。それもないってこと？

お琴　え、違う違う。夜1発ヤッていたらいいよ。けどさ、夜なかったです、朝からスイッチ入りますかってなったらさ、なくない？

ルナ　え、でもそういう人いたよ！

お琴　えっ、おぉ！

ルナ　**夜、普通に寝ちゃって。お互い飲みすぎて。で、朝、普通に始まった。**

お琴　それ、どうやって始まんの。それこそ回答じゃん。

ルナ　えーでも、それはさ、どうやったらっていうか、普通に行動する※3。それだけの話。なんか、彼が悩んでいるところって次元が違う気がするのよ(笑)　しかもなんかさ、〝楽しすぎちゃって〟とか言ってるけど、そこだって別にさ、〝今日はヤるぞ！〟って決めてさ、少しずついちゃついたりとかできるわけじゃん。

お琴　はいはいはいはい。

ルナ　たぶん、彼に足りないものは、その覚悟よ！　マジで。**ヤる気ないだろ！**

お琴　**逃げてる**、と。

ルナ　逃げてる！

お琴　なるほど。〝逃げるな！〟と言いたいと。

ルナ　だから、〝今日はここまでする〟って、自分の中で絶対的なミッションを作らないと、あなた無理よ。

お琴　なるほどね。結構、辛辣ですが……。え、**私はかわいいなって思っちゃう。**一緒にホテル行き

※1　実際にこうした経験は……「ありました。お預けで焦らされるのも意外と好きでした(笑)」(ルナ)

※2　夜の睡眠には、深い眠りであるノンレム睡眠と浅い眠りであるレム睡眠がある。この2つの睡眠を、1セット約90分で繰り返すといわれている。レム睡眠のたびに勃起することを『夜間勃起現象』といい、最後のレム睡眠のタイミングで目覚めた時に勃起している状態がいわゆる朝勃ちとなる。

※3　具体的な行動としては、「変にダイレクトにバナナを触ったりはしない。股関節上あたりを手でなぞるかなぁ」(ルナ)

ます。で、飲んでて、朝になっちゃいましたって言ったら、〝あ、この人めっちゃいい人じゃん！〟ってなっちゃうかも（笑）※4

ルナ いい人、だね……。むずいな～！

お琴 むずいよね！ 待って。これむずい（笑）難しいのがさ、いい人だなと思うけどさ、自分がめちゃくちゃその夜、ヤる気満々だったらさ、ウワッてなるよね。

ルナ なる！

お琴 だから、そう。両方あるよ。両方あるよね。え、でも朝からリベンジってか、朝から始まる経験があったってことでしょ？

ルナ あった、あった。

お琴 それは別に男性から？ 何？

ルナ いや、男性から来ない限りは、女の子からはほとんどいかないから。

お琴 来ないじゃん。もうだって、覚めてるし、酔っ払いじゃないし。

ルナ しかも、夜にヤってない時点で、女の子は〝あ、そういう対象ではないのかな〟って、思っちゃうから。

お琴 そうそうそうそう。

ルナ 女の子からいくことはまずないから。

お琴 襲えばいいんじゃない？ 普通に。

ルナ てか、そもそも最初から朝に賭けんなよ！

お琴 間違いない（笑）間違いないね。そうだね。夜、頑張ってほしいね。

ルナ あ、**一緒にお風呂入ればいいじゃん！**

お琴 朝？

ルナ 朝じゃない。夜、夜！ 楽しくなっちゃうから1回挟んで。

お琴 え、〝1回お風呂入ろうよ〟みたいな？

ルナ で、ちょっと自分でも雰囲気を変えていけばいいじゃん。楽しいけど、イチャもあるみたいな。

お琴 はいはいはいはいはい。

ルナ ちょっとずつ環境から変えてこっか。

お琴 それはありだね。

※4 いい人で終わるかと思いきやそんなことはなく、「私だったらあり!!」（ルナ）、「いや、むしろ好感度増し」（お琴）

ルナ　リハビリから始めよ！

お琴　それはありだね。

ルナ　うん。もうこの人に言うことない！　私。

お琴　はい。環境から変えていきましょう。飲んでいるときに一緒にお風呂に入るとか、ちょっとそういうエッチなムードに持っていきましょう！

ルナ　**あと、お酒飲みすぎんなよ！**

お掃除しゃぶりはあるのに逆は!?

お琴　はじめまして。20代後半の女子です。いつも楽しく聴いています。お2人はお掃除……、なんだっけ。

ルナ　えーっと……、ペロペロ？※5

お琴　ペロペロだっけ。

ルナ　ペロペロ！

お琴　もっかい言うね。はい。ということで、はじめまして。20代後半の女子です。いつも楽しく聴いています。

ルナ　ねえ、ペロペロだっけ？（笑）

お琴　私もペロペロじゃなかった気がするんだけど（笑）

ルナ　ちょっと待って。お掃除……。あれ、待って、お掃除……なんだっけ？

相談

はじめまして。20代後半の女子です。いつも楽しく聴いています。お2人はお掃除しゃぶりしますか？　お掃除しゃぶりのうまい断り方を教えてほしいです。私はお掃除しゃぶりが苦手です。喉がイガイガするし、変な味※6がするからです。でも、彼氏はお掃除しゃぶりをしてほしいみたいで、私が断ると〝お掃除しゃぶりをしてくれないのはマナー違反だ！〟と、言ってきます。行為が終わった後、私の顔にバナナを近づけてきます。私は〝やだ、やだ！〟と暴れて逃げていますが、だんだんかわいそうになってきました。彼氏を傷つけない上手い断り方はありますか？

回答

ルナ　マジ……（笑）この子は！

お琴　**連発しすぎなんだよ、このワードを（笑）**

※5　この用語がSpotifyで使用禁止とされているわけではなく、「なんとなく私たちが勝手に避けようとしているだけです（笑）」（お琴）

※6　味には個人差がある。精液は弱アルカリ性で、独特な苦みはこの性質から。甘い果物を摂取すると甘くなり、味の濃いものや刺激物を摂取するとまずくなるという説も。喫煙の習慣も影響するといわれている。

ルナ ただ、それを言わせたいだけでしょ！(笑)
お琴 変換しているから、うちらも(笑)
ルナ お掃除しゃぶり……。
お琴 ですよ。はいはいはい。
ルナ お掃除しゃぶり、する？
お琴 えぇ……。しないな、あんまり。
ルナ 私もしないよ。
お琴 え、でもさ、〝して〟って言われたらする？
ルナ うわぁ……、するかも。
お琴 してって言われたら、するよね。
ルナ するけど、**その人と次もう1回ヤるの嫌になる。**結構、〝あ、うわ、もう無理〟って思うかも。
お琴 あぁ〜。
ルナ なんか、あんまりそういう感じのタイプ、好きじゃないんだよね。
お琴 そういう、最後にそういうことさせる人がってこと？
ルナ そう。なんか、しゃぶりは別によくても、お掃除しゃぶりってさ……。

セックスにおける男女不平等

お琴 思うのがさ、なんでさ。男性はお掃除しゃぶりっていう文化があるのにさ、なんでさ、女性にさ、お掃除……。
ルナ **お掃除……アワビ？(笑)**
お琴 お掃除アワビ(笑)
ルナ わかんないけど！　たぶんそうでしょ？　言いたいこと。
お琴 そうそう。ちょっと、そのワードにツボっちゃった(笑)　うまいワード(笑)　なんでさ、ないのかな？
ルナ 出ないから？
お琴 あ、そっか。お掃除するものがない。

ルナ じゃあさ！　なんか汚くしとけばさ、お掃除してくれるわけ？　ってなっちゃうじゃん！

お琴 逆に(笑)　たしかに(笑)

ルナ え、てか、そもそもさ、それに関してはさ、男性、最初からしない人もいるじゃん。

お琴 あ、行為中にでしょ。あ、でもそれはめちゃくちゃわかる。

ルナ そうそうそう。バナナしゃぶりがあっても、アワビしゃぶりは、あんまり……。

お琴 ないないないない！

ルナ そうそうそうそう！

お琴 ないときあるし、なんだろう。なんかさ、バナナしゃぶりは、その行為の一環に絶対あるじゃん。

ルナ わかるわかる！

お琴 **スタメン**※7みたいな！

ルナ わかる！　スタメン！　スタメン!!

お琴 スタメンじゃん！　それってなんか絶対にやらなきゃ……。

ルナ そう！　組み込まれているのに！　なぜ！

お琴 なんか、**アワビはさ、オプションじゃない？(笑)**

ルナ そうそう！　わかるわかる！　〝ついてきた！〟みたいな。ハッピーセット※8みたいな！(笑)

お琴 ハッピーセット！　マジで！(笑)

ルナ なんなん？　え、ひどくない？

お琴 そう。え。これはさ、私もたしかに、〝異議あり！〟って感じ。

ルナ なんか、今の時代こんだけ男女平等が謳われていて。

お琴 これ、男女不平等!!

ルナ なぜ、これがこんなに問題になっていないのか！

お琴 たしかに！

「そんなのマナー違反だ！」

ルナ え、これさ、相談なんだっけ？

お琴 相談は、お掃除しゃぶりをしたくない。したくないから、彼氏を傷つけないようにうまく断りたい。

※7　スポーツの団体競技において、ベンチ入りメンバーのうち、試合開始時から出場するメンバー「スターティングメンバー」を略して『スタメン』という。似たような言葉に「レギュラー」があるが、これは団体競技のチームの中で大半の試合に出場する固定メンバーのことで、必ずしも試合開始時から出場しているとは限らない。

※8　大手ハンバーガーチェーン『マクドナルド』で販売されている子ども向けセットメニュー。ハンバーガーやチキンマックナゲットなどにドリンクやサイドメニューを加え、おまけとしてキャラクターグッズなどのおもちゃがついてくる。

ルナ　え。なんだろう。

お琴　え、うまく断る……。言ってみればいいんじゃない？　逆にさ、**〝じゃあお掃除アワビして〟って(笑)**

ルナ　そのフレーズで言ってほしい(笑)

お琴　そのフレーズで言ってほしいね、たしかに。

ルナ　で、しないって言ったら……。

お琴　〝じゃあ私もしなーい〟

ルナ　そうだよ！　〝そんなのマナー違反だ！〟って言い返してやればいいよ、マジで(笑)

お琴　〝そんなのマナー違反だ！〟(笑)

ルナ　そういうことじゃない？

お琴　そういうことだ(笑)

ルナ　マジでヤバい……(笑)

お琴　ということで、えーと、この質問は、相談者さんに、彼氏に対して言ってもらおう。

ルナ　言ってもらおう。

お琴　あの、ちゃんと〝お掃除アワビ〟っていうワードを使って……(笑)

ルナ　1回〝えっ〟ってなるよね(笑)　5秒後ぐらいに認識する。〝あぁ～！〟みたいな感じで(笑)

お琴　はい。ということで、こんな感じでしょうか。

ルナ　解決、解決ぅ～!!

アワビ舐めvsバナナ舐め

お琴　アワビ舐めしてほしい時の伝え方。これもね、めっちゃいっぱいお便りがあったんだよね。

ルナ　まあ、しない男性ってしないからねぇ。

お琴　うん、しない。

ルナ　あー……。え、でもアワビ舐めって、前から言っているけど、ちょっと**オプション問題**っていうのがあるじゃない。で、それくらいする男性としない男性、はっきりすると思うんです。で、日替わりでしないとかだったら、別にそれはする側だと思っていいんだけど、そもそもしたくない男性って結構……。

お琴 多い※1。

ルナ いるよね。それはね、結構、させる難易度高いと思う。

お琴 高いと思う。

ルナ **決意だもん、あれ(笑)**

お琴 決意!(笑)

ルナ 〃俺は舐めない〃って人いるじゃん!

お琴 いるいるいるいる。言いたいことわかるよ。え、なんかさ。はい。気になるのがさ、俺は舐めない勢いるじゃん。

ルナ いる。

お琴 俺は舐めない勢ってさ、本当に好きな人とか彼女だったら舐めんのかな。

ルナ 舐めないらしい。

お琴 舐めないんだ!

ルナ 舐めないらしい。だし、そういう人って、食わず嫌いじゃないけど、あんまりアワビ舐めたことないよ(笑)

お琴 **舐めず嫌い?(笑)**

ルナ そうそう(笑)

お琴 なるほどね。経験がないからそもそも。

ルナ 〃もう俺は、無理。そういうの。あれ汚いもん〃みたいなテンションな人が多いのよ。

お琴 そういう人ってさ、舐めさせるの?

ルナ えー。私はもう言っても無駄だと思っているから。そういう人。

お琴 違う。自分のものを。自分のバナナ。

ルナ 舐めさせます! **そういう人に限って舐めさせます!**

お琴 え、それさ、やだ。そういう人。

ルナ え、わかるよ。

お琴 舐めたくない。

※1 したがらない男性は「体感……3割はいる?」(ルナ)、「4割弱くらいな気がする」(お琴)

ルナ　でもなんかほんとに、結構、何人かそうやって言ってる男性見たことあるけど、〝俺、絶対に舐めないよ〟って言ってる人いるけど、そういう人は絶対にもう、しゃぶられるの大好き。〝それないとかありえない〟みたいな。

お琴　〝それちょっとヤバいよ。言ってること〟って言ったほうがいいよ！(笑)〝あなたほんとに言ってることヤバいですよ！〟って。

ルナ　そう。でも、だから、**その人たちとヤる女の子はかわいそうだなって思う**からね。

お琴　そうだよ。

ルナ　絶対、私、ヤりたくないわ。そんな人と。

お琴　やだ！　私もやだ！

ルナ　てか、その決意が嫌だ。嫌じゃない？

お琴　その決意やだ！

ルナ　先にそれを言われてヤりたいと思う人いないよねぇ。

お琴　なんか1人いるんだけど、友達で、絶対舐めない人。でもその人は女の子にも舐めさせない。自分のものを。そこは平等なのよ。それだったらまあいいかって思うよね。

ルナ　この舐める舐めない問題って、〝**ほこたて**※2〟というかさ、結構あるよね。

お琴　ある！　ありますね。

ルナ　舐めさせ方か……。

お琴　でも私、自分からお願いしたことないかも。

ルナ　いや、うちも。結局あれって。**相手のご好意**じゃないですか(笑)

お琴　相手のご好意(笑)だから、自分でねだらないなって思った。

ルナ　あーたしかに。でも、〝絶対この人やんないくせに〟ってなったら言ったほうがいいかもね。

お琴　あー。

ルナ　それかもう、バナナ舐めをどんどんやらなくしてく。

お琴　はいはい。

ルナ　かなぁ〜……。しかないと思います。

※2「ほこたて」とは理屈として2つの事柄のつじつまが合わないこと。「矛(ほこ)」、「盾(たて)」と書く。

adulttalk special column

お琴に直撃！

・単独インタビュー・

「負の感情があるから頑張れています」

『アダルトーク』の言い出しっぺであり、番組の頭脳役を担っているのがお琴。ツッコミ役にまわることが多いため、冷静なキャラと思われがちだけど、その思いは熱い！番組を始めたきっかけ、続けられる理由を聞きました！

Okoto's♥
Interview

直感で始めたポッドキャスト

ポッドキャストという存在は、アメリカに1年間、留学をしていたときに知りました。日本ではあまり馴染みがないですけど、アメリカだとYouTubeの次にきているコンテンツで、〝ポッドキャスター〟という言葉があるくらいに浸透しています。例えば〝好きなYouTuberは誰？〟という会話を日本ではするじゃないですか。アメリカでは〝好きなポッドキャスターは誰？〟っていう会話が普通にされていた。これは日本でも流行る！と思ったのが、きっかけでした。

だから、私自身もポッドキャストをそれほどわかっていない段階で、ルナを誘ったんですよ。どう配信するのかも知らないのに、いきなりLINEで〝ポッドキャストやろう。ラジオみたいなやつ〟って言ったら〝いいよ。やろう〟みたいな。マジで軽い（笑）即答で返ってきました。

実はかつては、ルナも私もそれぞれ単独でYouTubeをやっていた時期があって。〝お互い頑張ろうね〟と話していた中で〝2人で何かできたらいいね〟とも言っていて。それが頭にあったので、ルナを誘ったんです。

それと……知り合いの中でいちばん暇そうだった（笑）

始めた当時、私は他にも仕事をしていました。スタートアップ企業で、ビジネスコンテストの運営や、大手企業とスタートアップを協業させる仲介などですね。お堅い会社員とのやりとりも多かったですね。だから、ポッドキャストをやっているなんて、職場の人には言えなかった。でも、案外とバレないもので、気づかれたことはないですね。

ルナとは同い年で、出会ったのは高校3年生の頃。当時の印象は、とにかく派手!! 本当に、今と変わらないです。大学時代は年に1回くらい会うような友達でした。

ルナは、私は持ってないカリスマ性があると思います。普段から、あのキャラクターのまま。ちょっとポンコツで憎めない、愛されキャラです。プライベートも同じ感じで、みんなから好かれて〝助けてあげなきゃ〟と思わせてしまう。天才的だと思います。

そんな人が相方でよかった。彼女がそういうキャラクターだから、『アダルトーク』って面白いと思ってもらえているのかなって。でも、ルナが2人いても、お琴が2人いても面白くないだろうから、いいバランスなのかなって。

「初めて」は忘れられない

番組でも話したことあるけど、大学生のときの失恋は、大きい経験だったと思います。私の中で、大恋愛だった。その彼は、めちゃくちゃ不器用だけど、あったかい人でしたね。誰からも愛されて、人望があるような人。大学に入ってすぐ、私が友達と話しているのを見て〝紹介してほしい〟って言ってくれたのが始まりで、1年くらい付き合いました。「今でも会いたい」とまでは引きずってはいないけど、彼みたいな人と付き合いたいなとは思います。

本当に、その彼と結婚したかったんですよ。なんなら〝結婚する〟と思っていて。この人とならば、未来が見えるなと考えていたのに、結局、私の行動が原因で別れてしまって……。

私の努力が足らなかったというか、相手の気持ちをもっと考えるべきということを学べた恋愛で。そこから、〝永遠だと思っていたものって永遠じゃないんだな〟〝努力しないと永遠って続かないんだな〟と知って、次に付き合うときは、自分の幸せを続けられる努力をしようって思って。で、次の人のときは、相手のことをもっと考えられるようになっていたと思うんだけど……、なってなかったのかな？　前の恋愛よりは……っていう感じですかね（笑）

大恋愛の彼とは、〝初めて〟のことが多かったですね。お付き合いが1年間続いたこと、私のことを好きだという愛情表現をすごくしてくれたこと、初Hの相手でもあります。いろんな「初めて」をくれた人だったから、ずっと一緒にいたいなって思っていて。なので、別れた後すごく病んだ……。恋愛で病んだのは、あのときだけかもしれない。友達に会っては泣いて、話を聞いてもらって……。乗り越えるのに10か月ぐらいかかりました。やっぱり好きっていう気持ちがずっと残っていて。

乗り越えるまでの10か月間も、その彼とたまに会っていたんですよ。あるとき彼から「やっぱり、いろいろ考えて、ヨリを戻したい」と言われたんです。でも実は、私と別れた後に新しい彼女がいて、その子と別れたから私とヨリを戻したいという流れがわかってしまって……。〝あぁ、そういう感じなら別にいいや〟って冷めちゃいました。最終的に彼が裏切ってくれて、吹っ切れました。

裏では「番長」と呼ばれていた

少し遡って、高校時代は友達が多いほうだったと思います。スクールカーストで言うと……頂点にいたかもしれない（笑）私の通っていた高校は、ルナもそうですけど、もともとは男子校だったんですよ。私たちの代が入って、全学年共学になるタイミングで、クラスは40人中に女子が10人で、男子が30人。なので、男友達のほうが多かったですね。

私、高校1年生のときに、失敗というか……、爪痕を残してしまって(笑) もとは男子校だったから、男の子たちは〝女子が来た!〟みたいな感じになるわけですよ。そういう雰囲気の中、保健体育の最初の授業で、自己紹介をして先生に質問をする時間が設けられていて。そのとき、男子校の名残で恋愛の質問になったんですよ。〝彼女いますか?〟から始まって〝ファーストキスは何歳ですか?〟っていう質問にも答えて。私、次は初体験かなって期待していたんですよ。

でも、女子がいるから空気を読んだのか、まったく違う話題になって。〝え、そこ言いなよ!〟って思ったので、私が手を挙げて〝初体験いつなんですか?〟って聞いたんです。そしたら男の子が〝女の子がそんなことを言うなんて!〟みたいにザワついて(笑) そこからは、噂が回るのが早くて、全学年に〝あいつ、初体験聞いたらしい〟って広まって、裏で「番長」って呼ばれるようになりました。

しょっぱなからそういうキャラになっちゃって(笑) それもあって、同じ高校の同級生と付き合ったことがなくて。告白されたこともなかったです。完全に〝友達〟というカテゴリーに入れられていましたね。なので、同じ学校ではなくて、ルナの高校の人と付き合いました(笑)

恋人に対しても負けず嫌いを発揮

いつか結婚するなら、パートナーみたいになれる人がいい。いかにもな〝恋愛〟という感じではなく、お互い平等な関係性。男性がお金を多く出すとかではなく、そこも平等にしたいし、家事も全部平等みたいなのが理想です。自分の仕事に対して彼がアドバイスをくれたり、逆に彼の仕事に対して私がアドバイスできたりする間柄になりたいですね。そのくらいフラットな関係がいい。

私って負けず嫌いなので、夫が自分より稼いでいるとか、自分より優秀な人だと〝負けたくない〟って思ってしまうんです。〝完全にこの人には勝てない〟と思えるくらい尊敬できるパートナーだったらいいのかもしれないけど、そこまで思えない相手だと、ライバル視しちゃうんですよ。5年半付き合った彼とも、就活のときにバチバチになっちゃって(笑) 彼がいい会社に決まったので〝私もいい会社行かなきゃ〟って。

実は、その彼とは、中学生のときにも一度付き合っているんですよ。1か月経たないぐらいで別れているんですけど、初めてのお付き合いという、淡い思い出です。

そこから時間が経って、距離が縮まったのが、成人式でした。私、お酒弱いくせに、彼と〝潰し合い〟をして、案の定負けて。酔い潰れて彼の膝の上で寝ている写真が残っていました(笑) 甘い感じはあんまりなくて、友達のノリで遊んでいました。

そのあと、車の免許を取る最後の試験を、一緒に受けに行くことになって。流れで飲みに行って、その後も何回か遊んで、告白されました。でも恋愛ムードになっていたわけではなかったので、冗談かと思ってめちゃくちゃびっくりした。私は彼のことを〝いいな〟と思っていたけど、彼はその気じゃないだろうなと思っていて。だから、会うのもこれで最後かなくらいの気持ちだったんですよ、もう会わないだろうなと思っていたら、最後の最後に言ってくれて、返事は「いいよ」と即答しました。ただ、ずっと友達みたいな関係でいたので、カップルっぽくなるのに時間はかかりましたね。一緒に過ごすにつれて、だんだんカップルっぽくなっていきました。

いい恋愛をするために必要なこと

今、人生や仕事を考えるときに軸が2つあって。ひとつは人生を変えてくれたポールダンスを広めたい、もうひとつは女性に自信を与えたい、与えられる存在になりたいということ。自分の生きる目標として、叶えたいと思っています。相当、遠い気がしているけど、達成できるまではいろんなことをやり続けようと思います。

女性に自信を与えたいというのは、自分の経験から感じたこと。実は私、めちゃくちゃ自分に自信のない人間だったから。自信がないから、自分を強く見せる武器が欲しくて、勉強を頑張っていい大学に入ったり、就職も会社の名前で決めたり……。業界に対して思い入れがあったわけでもなく〝みんなが知っている企業に入る〟みたいな。なので、実際に働いてみると、思い描いていたものと全然違うっていうギャップがあって。でも、社会人になったら多くの人が通る道なのかもしれないけど、色々考えて、仕事を辞める決意をしました。でも、辞めてやりたいことなかなか見つからなくて。そこで出会ったのが、ポールダンスだったんですよ。

ダンスを幼稚園の頃からやっていて、ダンサーになりたいって夢がありました。でも、諦めてしまった過去があって。それをどこかでずっと後悔していて、もう一度ダンスをやりたいなって思って。改めて周りを見たら、高校生のときに一緒に踊っていた子たちが、第一線で活躍していた。その現実を知って〝私もあのまま続けていたら、同じステージに立っていたかもしれないのに、辞めてしまったから私は今ここにいるんだ〟と実感しました。悔しいというか、諦めてしまった自分という現実が悲しくて。なので、ポールダンスを始めるとき、〝絶対に5年は続けよう〟という覚悟を持って始めて、来年で5年になります。

会社を辞める決断ができたのも、アメリカに行く決断ができたのも、ポールダンスがあったから。ポールダンスに人生を変えられて、少しずつ自信を持てるようになりました。アメリカって〝自分は自分〟と、ほかの人とは比べない文化。今までは周りと比べて、自分に自信を持てなかったけど、アメリカに行って人と比べることがまったくなくなりました。過去の自分と比べて〝こんなに成長できている〟と自信を築けるようになった。

日本では、周りの人と比べて〝自分はダメだ……〟と自信をなくす人が多いと思います。それによって、女性は恋愛まで変な方向に行ったり、悪い男に捕まったりしがち。それが本当にもったいないなと思っていて。自分の軸がしっかりしていて、自信があったら、もっと素敵な恋愛もできると伝えたいんです。

この間、気づいたんですけど、私ってプラスじゃなくて負の感情があるから頑張れている。例えば、会社を辞めたときにみんな〝すごいね〟って表面上は言っていたけど、裏では〝あいつ仕事辞めてポールダンスなんかやるらしいよ〟とバカにしている人たちもやっぱりいたんですよ。〝あいつの人生どうなるんだろう〟みたいな。ポールダンスを選んだときにはそういう反応をされて、『アダルトーク』で少し有名になったら、今度は手のひら返しで〝すごいじゃん〟って言ってきて。ポールダンスが社会的にはまだまだ地位が高くないとは認識しているので、その地位や社会的な見られ方を向上させたいとも思っています。

ただ、やっぱり私はそういうことを言ってきた人たちよりも成功したいし、その人たちに〝あいつ、会社辞めて正解だったね。すごいやつになったじゃん〟と、認めさせたい。そういう反骨精神がすごくあって、今の原動力になっている気がします。

What is OKOTO like?

『アダルトーク』では語られないお琴の一面にアプローチ。

お琴の好きな本5選

- 新世界/西野亮廣
- 彼女たちの20代/山口路子
- 犬がいた季節/伊吹有喜
- 苦しかったときの話をしようか/森岡毅
- LIFE SIHFT /リンダ・グラットン、アンドリュー・スコット

お琴の待ち受け

東京都中央区日本橋小網町にあるパワースポットとして名高い小網神社。強運厄除のご利益があることで知られており、お琴もこの待ち受けにしてから災いから免れたことが何度かあったそう。

お琴の好きな曲5選

- 奏/スキマスイッチ
- Beautiful Mess/kristian kostov
- わたしの願い事/YUKI
- SUN SHINE!!!/GReeeeN
- オレンジ/SMAP

マッチングアプリの お琴プロフを 見せちゃいます

基本情報

性別	女性
年齢	28歳
交際ステータス	独身
居住地	東京都
出身地	埼玉県
血液型	B型
兄弟姉妹	長男長女

学歴・仕事・外見

最終学歴	大学卒
学校名	明治大学
職業	クリエイター
年収	年収秘密
身長	153cm
体型	普通の体型

恋愛・結婚について

結婚歴	未婚
子どもの有無	なし
結婚に対する意思	2〜3年のうちに
子どもが欲しいか	はい
家事・育児	積極的に参加したい
出会うまでの希望	まずは会いたい
初回デート費用	相手と相談して決める

生活・趣味

同居人	一人暮らし
休日	不定期
お酒	時々飲む
タバコ	吸わない

く　いか　編集

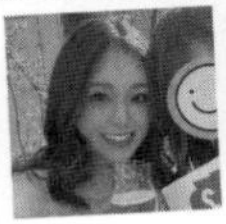

いか　28歳

本人・年齢確認済み

はじめまして！

結婚を前提にお付き合いしていた方とお別れしてからなかなか彼氏が出来ず、思い切って登録してみました！ 趣味はカフェ巡り、海外旅行、ダンス 、ゴルフです⛳ 最後の晩餐はいくらと決めています🍣 好きな男性のタイプは仕事熱心な方、仕事好きな方です。お互い高めあえる存在が理想です。まずは会いたい派なので、マッチしたらすぐにごはん誘っていただけたら嬉しいです😊 仲良くしてくれたら嬉しいです🥂 宜しくお願いします😊

お琴＆ルナに 100の質問！ 後半

さて、質問は徐々にディープに。2人のパーソナルデータを知った上で番組を聴くと、より面白くなります！

Q51. 人生でいちばん高い買い物は？

OKOTO：1年間のアメリカ留学

LUNA：2ヶ月間のハワイ旅行

Q52. いちばんモテたのはいつ？

OKOTO：たぶん、いま

LUNA：大学生

Q53. 結婚するなら何歳だと思う？

OKOTO・LUNA：32歳

Q54. 結婚したとして……離婚する確率は？

OKOTO：50％

LUNA：なし!!

Q55. 相方の結婚確率は？

OKOTO：100％

LUNA：82％

Q56. 相方の離婚確率は？

OKOTO：80％

LUNA：24％

Q57. 子どもは欲しい？

OKOTO：欲しい

LUNA：男女1人ずつ欲しい！

Q58. 恋人に求めることは？

OKOTO：尊敬

LUNA：人生を充実させてる

Q59. 今まで付き合った人数は？

OKOTO：7人

LUNA：9人

Q60. 束縛されても平気？

OKOTO：無理

LUNA：適度にはして欲しい

Q61. いちばん短かったお付き合い期間は？

OKOTO・LUNA：3日

Q62. いちばん長かったお付き合い期間は？

OKOTO：5年7ヶ月

LUNA：9ヶ月

Q63. 二股経験は？

OKOTO・LUNA：なし

Q64. 浮気されたことはある？

OKOTO・LUNA：ある

Q65. どこからが浮気？

LUNA：手を繋いだら許さない

OKOTO：好きになったら

Q66. マッチングアプリ、いくつ登録？

OKOTO：5個

LUNA：0（前は1つ！）

Q67. 男性に言われた忘れられない言葉は？

LUNA：勉強は頑張ったんだから次は遊ぶことを一生懸命頑張りなさい by おじいちゃん

OKOTO：I'm clean!!

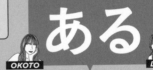

Q68. 恋人のスマホのなかみ、見たことある？

OKOTO：ない

LUNA：絶対見ない

Q69. 異性の"これだけは嫌"というところは？

LUNA：飛行機の搭乗時間にルーズ

OKOTO：ご飯粒残す

Q70. 何回目のお泊まりからすっぴんOK？

LUNA：初日からOK

OKOTO：2回目

Q71. フリーの時期、何人くらい"キープ"してる？

OKOTO：してない

LUNA：3~4人

Q72. 恋人ができると変わることは？

LUNA：男性と遊ばなくなる（飲まなくなる）

OKOTO：恋人中心の生活になる(笑)

Q73. 勝負の日のファッションは？

OKOTO・LUNA：タイトワンピ

Q74. スリーサイズは？

OKOTO：B81/W61/H90

LUNA：B83/W64/H93

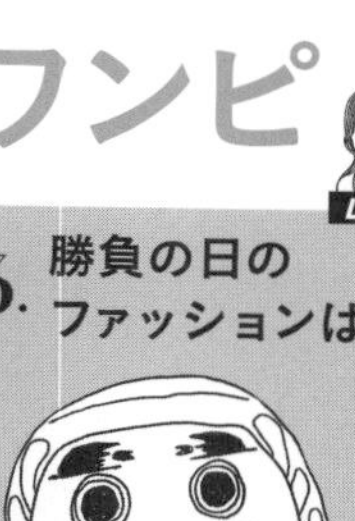

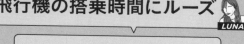

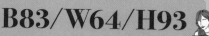

Q75. 初体験は何歳？

OKOTO：19歳

LUNA：18歳

Q76. 好きな体位は？

OKOTO：しゅきしゅきホールド♥

LUNA：顔が見える正常位

Q77. 初ワンナイトは？

OKOTO：27歳（遅咲きです w）

LUNA：大1？

Q78. 最近、いつHした？

OKOTO：今朝

LUNA：今からしてきます!!

Q79. お相手の年齢差、最高は何歳？

LUNA：12歳差

OKOTO：父親より上です

Q80. ドS？ ドM？

OKOTO：ドM

LUNA：ドS好みのSと言われます

Q81. Hのお誘いサインは？

OKOTO：馬乗り

LUNA：足でバナナ愛撫

Q82. おもちゃ、いくつ持っている？

LUNA：ひみつ♥(2個)

OKOTO：持ってない

OKOTO：騎乗位一生動けます

LUNA：誰でもバナナ舐めでイかせられる

Q83. 得意技は？

OKOTO：されたことないかも

LUNA：ポリスのコスプレで駐車違反者を捕まえるまでの演技を30分本気でさせられたプレイ

Q84. 嫌だったプレイは？

OKOTO：アソコに名前を付けられたプレイ

LUNA：下着姿でポージングを頼まれて、それを見ながらされたソロプレイ

Q85. いちばん"変"だったプレイは？

OKOTO：反省はしても後悔はしない

LUNA：生きる楽しみは自分でつくる

Q86. いちばん大切にしていることは？

OKOTO：いつか

LUNA：もういい

Q87. できれば使いたくない言葉は？

OKOTO：バックダンサー

LUNA：シンガーソングライター

Q88. 子どもの頃の夢は？

OKOTO：明日死ぬと仮定する

LUNA：綺麗な人を見てから鏡の前に立つ

Q89. 自分を奮い立たせる方法は？

OKOTO：かっこいい大人

LUNA：生まれ変わっても自分になりたいと言える人

Q90. どんな人になりたい？

Q91. 無人島に1つだけ持っていくとしたら？

OKOTO：ルナ

LUNA：狩野英孝さん

Q92. 生まれ変わったら何になりたい？

OKOTO：美少女のお嬢様か男

LUNA：男版ルナ（モテそう）

Q93. 移住するならどこ？

OKOTO：ロサンゼルス

LUNA：韓国

Q94. ストレス解消法は？

OKOTO：寝る

LUNA：海外に行く

Q95. 人生で心掛けていることは？

OKOTO：人の悪口を言わない

LUNA：この瞬間はもう二度とこないと自覚して〝今〟を生きる

Q96. 宝物は？

OKOTO：家族

LUNA：キキリ（昔貰ったぬいぐるみ）

Q97. 今、会いたい人はいる？

OKOTO：大谷翔平

LUNA：ワンオクのTakaさん

Q98. いちばん聴いて欲しい回は？

OKOTO：#9 好きな女性を振り向かせるテクニック！ 脈なし・グレーゾーン卒業！昇格プランを考えてみた！

LUNA：#239【おもしろH♥】雑談〜エロ動画検索〜

Q99. アダルトークを始めて良かったことは？

OKOTO：素敵なリスナーさんにたくさん出会えたこと

LUNA：お琴という相棒ができたこと

Q100. 最後にひとこと、どうぞ

OKOTO：彼氏ほすぃいい!!!

LUNA：運動会したい！

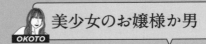

恋愛相談

adultalk 3

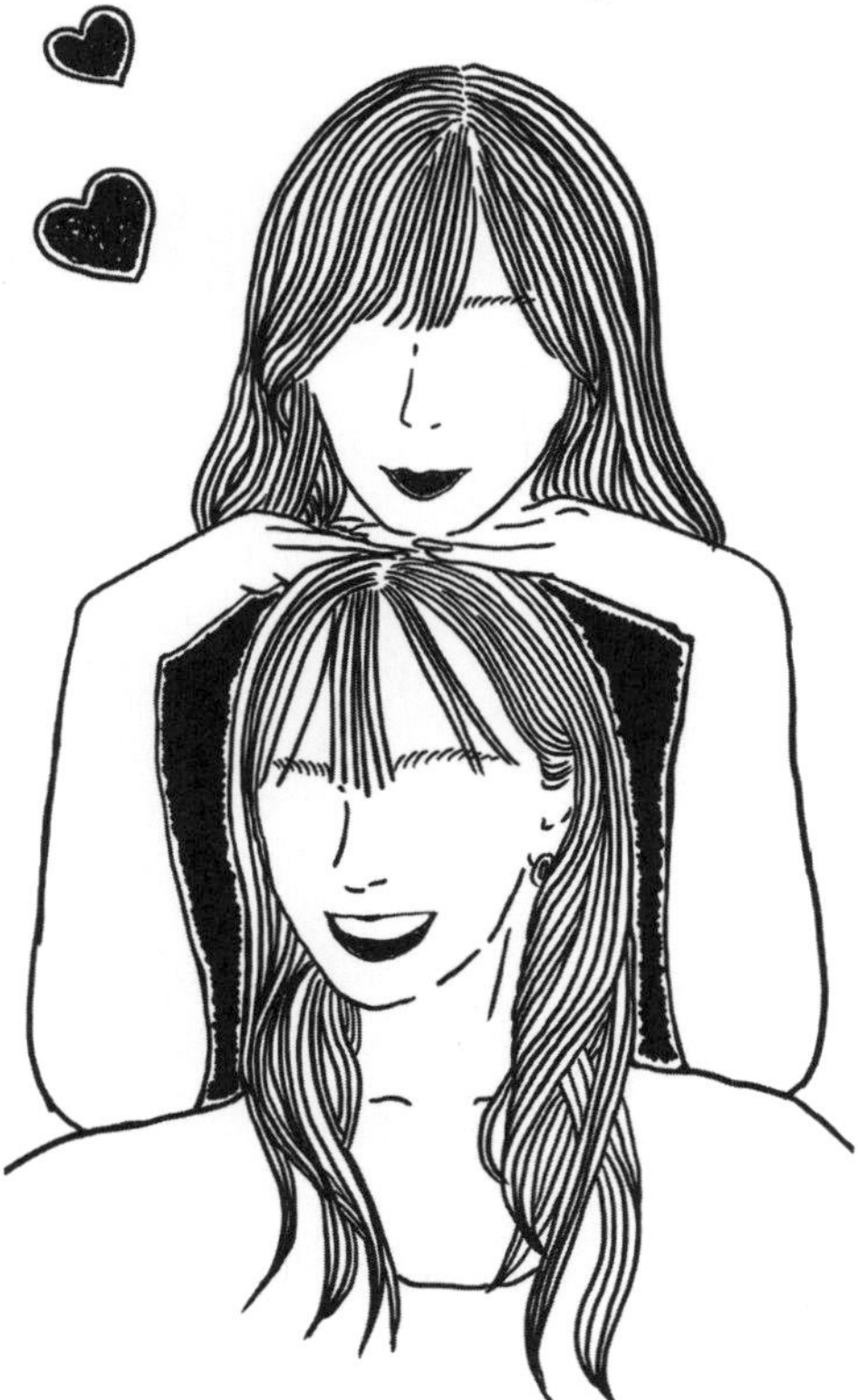

恋のパイセン・お琴&ルナがリスナーからのお便りにしっかり向き合って答えます！
男性の好みも恋愛観も異なる2人だからこそ、その意見、参考になります。
何度も傷ついて泣いたって、また誰かを好きになる日はきっと来る。
恋愛、サイコー！

ピュアな恋に役立つデートプラン

#15 刺激 vs 安定／幼馴染との恋愛アプローチ法

相談

新大学1年生です。僕は幼稚園のころの幼馴染に恋をしています。彼女は幼稚園、小学校が同じでしたが、中学校に入り、話す機会もなくなりました。
つい先日、親同士がつながっていることもあり、横浜に2人で遊びに行きました。デートの感触はとてもよく、たくさん2ショットも撮りました。お互い忙しくなかなか頻繁には会えませんが、また2人で遊びに行く約束をしています。ですが、彼女が僕のことを男として見ているか確信が持てません。お2人は幼馴染との恋愛はあると思いますか？　また、この先、どのようにアプローチすればお付き合いできるでしょうか？

回答

ルナ　うわー！　待って！　**聞いていてドキドキしちゃったんだけど！**
お琴　もう、ピュア！
ルナ　**うちらに失われたもの※1を彼は持っているよ。**
お琴　わかる！
ルナ　だって、デートの感じ、よかったんでしょ。で、2ショットいっぱい撮ったんでしょ。幸せじゃん！
お琴　幸せよね、こんなんね！　かわいい、ほんとに……！
ルナ　**マンガみたいな恋※2**だよね。
お琴　幼馴染との恋愛はあると思いますか？って、全然あると思う。
ルナ　全然ある。それこそ、昨日飲んでいた男友達が、最近、幼馴染と付き合ったって言っていたよ。
お琴　いいねぇ。
ルナ　だから、全然あると思う。可能、可能。
お琴　いいね。憧れるよね。少女マンガの世界やん。
ルナ　誰にでもできる恋愛じゃないしね。
お琴　そもそも、幼馴染いないんだよな(笑)
ルナ　絶望的じゃん(笑)
お琴　もう無理っていう(笑)

※1　うちらに失われているのは「夜の関係やスペックとか〝汚いこと〟を抜きにして誰かにドキドキできる純粋な心」（ルナ）

※2　幼馴染みとの恋愛を描いたマンガとして有名なのは『ヒロイン失格』（幸田もも子）、『タッチ』（あだち充）、『ご近所物語』（矢沢あい）、『僕の初恋をキミに捧ぐ』（青木琴美）など。

新1年生はめちゃモテる

ルナ　じゃあ、この子の相談に答えていきたいんだけど……。気になったのがね、新大学1年生ってさ、出会いが多いんよ。先輩、サークル、学科……、バイトもそうかもしれない。新しいコミュニティがわんさか。
お琴　しかもさ、**新大学1年生ってさ……モテない？**※3
ルナ　そう！　あれなんで？
お琴　みんなモテると思う。どの人がとかじゃなくて。女の子みんなモテる。
ルナ　間違いない。
お琴　だから、その女の子がもし同い年だったら、すごい誘惑があると思う。
ルナ　しかも、**まだ誘惑に慣れてないじゃん。初めての誘惑。**
お琴　そうだよね。
ルナ　幼馴染で長い付き合いだから、それを壊すのはすごい怖いと思うし、リスクしかないと思うけど、長期戦に持ち込んじゃうと、誘惑が……。
お琴　他の男に取られるかもしれない。
ルナ　それが怖いなって思ったので、今回は、お琴と攻めのプランを考えました！
お琴　**早めにジャブ打っとこう**※4っていうっていう話になってね。
お琴　2回目のデートの約束をしてるっていう話なので、2回目のデートでやったほうがいいポイントを考えました。

2人で本気で考えました

ルナ　今からポイントを5つ言います。
お琴　ここからっすよ。大事なのは。
ルナ　君はその5つを、できる限り！
お琴　5つ全部クリアしてほしいね。
ルナ　1個目！　会ってすぐに、〝**楽しみすぎて寝られなかった！**〟とか〝会いたかった！〟とか、会えて嬉しいっていうのを表現するような言葉を言ってください。

※3　大学1年生のときに2人はどれだけモテたのかを聞いたところ、「私に話しかけるために授業がない日にわざわざ学食に来ている知らない人は何人かいました」（ルナ）、「高校のときは全くモテなかったのに、大学に入学してすぐに2人から告白された」（お琴）

※4　「ジャブ」とは、ボクシングのパンチの種類の一つ。威力よりもスピードが重視され、相手との距離を測ったり、攻撃のきっかけを作るために使われる。

お琴　女の子に言ってあげてください。言われたほうは嬉しいよね。〝そんなに今日を楽しみにしてくれていたんだ〟って。

ルナ　嬉しいし、第一印象※5はその後の心理に影響してくるから、ここで1回ジャブを打っときましょう。

お琴　はいはい。

ルナ　ポイント2！

お琴　ポイント2は注意してほしいことなんだけど、晴れの日と雨の日のプランがあって、そこでごはんを1回ずつしか入れてないんだよね。渋谷デートは昼ごはん※6で水族館デートは夜ごはん※7にしているんだけど、**昼と夜、ごはん2回は食べないほうがいい。**

ルナ　わざと1回だけにしてるんよ。

お琴　長く付き合っているなら、別に昼夜食べてもいいんだけど、初めてとかまだ付き合ってないウブな関係のときに、ごはん2回食べるのくどいよねって話になって。

ルナ　2回になっちゃうと、お腹いっぱいになっちゃう。腹8分目にしよう、なんでも。

お琴　だから、デートプランを考える時のコツじゃないけど、初デートの時は、昼か夜どっちかしか食べないっていうデートプランのほうがいいと思う。

ルナ　ポイント3つ目！　会話中に〝何月ぐらいにどこ行きたいね〟っていう、次のフラグ※8を立てときましょう。わざと、〝何月ぐらいに〟っていう、ざっくりとした目途も立てておく。そうすると、このデートが終わった後に、次の約束がとりやすい。

お琴　**大事なのは〝いつ〟と〝どこ〟**。

ルナ　っていうのを、会話の中に織り交ぜる。

ルナ　大事なポイント4つ目！

お琴　ここ、結構、重要ですね。

ルナ　これはできる限りやってほしいかな〜。

お琴　っていうのもね、この女の子に、好きな人がいるとか、彼氏がいるとかっていう情報が0なんよね。だから、ここは1回ちゃんと確認したほうがいいです。

ルナ　うん。確認しましょう。

お琴　確認の仕方だけど、もうストレートに。

※5　第一印象がその人のイメージとして定着し、残り続けるという現象を「初頭効果」という。ポーランド出身の心理学者ソロモン・アッシュ氏が1946年に行った実験により発見された。

※6　デート時におすすめな昼ごはんは、「なんでもいいからテラス席で食べたい」(ルナ)、「初回デートの王道だけど、食べるときに大口を開けなくていいからパスタだと嬉しい」(お琴)

※7　では、夜ごはんのおすすめは？　「食べログ3.6以上の小洒落た居酒屋だと嬉しい(焼き鳥か牡蠣！)」(ルナ)、「食べログ3.5以上のオシャレなバル系だと雰囲気もあってGOOD」(お琴)

※8　次回のデートまでの期間は、「初デートから1週間以降、20日以内だとベスト！」(ルナ&お琴)

お琴&ルナ　**〝好きな人いる?〟**

ルナ　もう、超ストレート! この1つでも結構、緊張するとは思うけど。

お琴　勇気振り絞って、聞いてほしい。

ルナ　**これ、答えはどうでもいいから。**

お琴　聞くことに意味があるんよね。たぶん〝好きな人いる?〟って聞いたら、女の子ってだいたい2パターンしか答えないと思うの※9。

ルナ　そう!

お琴　じゃあパターン1やろう。〝好きな人いる?〟

ルナ　〝え、いない〟

お琴　そう! いないって答える場合。いないって答えられたら、**〝じゃあ、狙ってもいい?〟**

ルナ　〝いやいや〟って言うっしょ。でもね、違うの。これを、嫌いな女子いないんよ。

お琴　いないよね。ドキッてしちゃう。

ルナ　しかも、面と向かって、〝狙ってもいい?〟って言われて、その場で〝やだ〟っていう子もいないから。

お琴　今は真面目っぽく言っちゃったけど、フランクな感じでいいと思う。

ルナ　笑いながらでもいい。そしたら〝えー! 何それ!〟みたいになるから! これが、いないって言われた時のパターン。

お琴　じゃあパターン2。〝好きな人いる?〟って聞いて、女の子が〝なんで?〟って答えた場合。**そしたら、〝なんでだと思う?〟って。**

ルナ　質問返しだね。さっきもそうだけど、結局、女の子〝何それ!?〟ってなるから!

お琴　〝え! 何何何!?〟。みたいなね。

ルナ　で、大事なことは、あなたが〝好きな人いる?〟って聞いた後に、〝じゃあ狙ってもいい?〟もしくは〝なんでだと思う?〟っていうセリフを言うまでがポイント。

お琴　答えはなんでもいい。言うまでがポイント。

ルナ　言った後に女の子が何か言っても、はぐらかして話を変えます。この話はもういいです。

お琴　終わり。

ルナ　気になっていようが、変えましょう。なんでかっていうと、**人って完結していないことが気に**

※9　もしも好きな人が〝いるよ!〟と言われたなら、「〝うわ、なんでだろ……なんか俺、傷ついてるわ(笑)〟って言ってほしい」(ルナ)

なっちゃう生き物なのね。〝好きな人いる？〟って言われて、女の子は〝この人、もしかして私のこと好きなの？〟って頭になると思うんだけど、具体的に好きとか言われているわけじゃないの。だから、〝あの人、私のこと好きなのかな？　いや、でもなんなんだろう。あの時になんであういうこと言ったんだろう〟って、バイバイした後にずっと考えてくれます。考えれば考えるほど、その女の子はあなたにハマっちゃうっていう心理※10があるので、そのための攻めのポイントです。

無言で、手繫ぎ♡

ルナ　最後のポイント。話をはぐらかして変えた後に、適当に話したら、**自分からサクッと〝帰ろ〟って言って、パッて手を繫いで、**帰り道、駅なりなんなり行きましょう。

お琴　今、さらっと言ったけど、めちゃくちゃ大事なこと言ったよね。自分から〝帰ろ〟っていうのを切り出すのが1つ目だよね。で、女の子は〝あ、もう帰るんだ〟って思うんだよね。そこで、あなたが手をパッととって、駅まで持ってく。

ルナ　いきなり〝男〟っていう感じだよね。で、この時に〝手繫いでいい？〟とか〝繫ごう〟とか言わない※11。

お琴　言わなくていい。**無言で手をとって、勝手に連れてって。**

ルナ　で、バイバイ。

お琴　この、手繫ぐのってめっちゃよくない。

ルナ　あのね、やばい。

お琴　めっちゃドキドキするよね！　なんかさ、わかんないけどさ、この歳になると、**キスより手を繫ぐ方がドキドキしない？**

ルナ　わかる!!

お琴　手繫ぐほうがハードル高いんよ。

ルナ　めっっっちゃわかる。怖くない!?　これ、新大学1年生が聞いたら〝えー！〟ってなるよ。〝大人、何が起きてんの!?　みたいになる。でも、バグが起きているわけ。こちらの世界では※12。

お琴　**心が淀んでいるから。**

ルナ　手を繫ぐっていうことがどれだけ価値があることか。何歳になっても手を繫ぐっていうのはドキドキするもので、ピュアだからこそ、それはしてほしい。この子の一生に残ると思う。

※10　ある事柄について、自分に関係していると意識することを心理学用語で『自我関与』という。これが増すごとに、相手への好意が増すとされる。

※11　女の子に確認をとってしまうと、「女の子から手を繫がさせているのと同じこと！　そこは不意をついてリードしてほしい」（ルナ）、「自分の自信のなさを出しているようなもの。少しくらい強引な男性に女性は惹かれます。キスも同様」（お琴）　ただし、同意のない性行為は『不同意性交罪』という犯罪になりえるので要注意！

※12　〝こちらの世界〟とは「ムダに色々な経験をして拗らせた大人たちの世界」（ルナ＆お琴）

お琴　女の子もこれをされたらめっちゃドキドキするもん。男として見てなくても、すごいちょっと意識しちゃう。

ルナ　そう！　これもポイント。手を繋ぐって、最後の攻めじゃない。で、女の子は手を繋がれた瞬間に、〝私のことを女として認識している〟って自覚するわけ。それがどういうことかっていうと、あなたのことを〝男〟として認識する。

お琴　めっちゃ言えているわ。

ルナ　**男と女っていう自覚がお互いに成り立つのよ、この瞬間に**※13。相談の中で男として見られているのかがわかりませんって言っていたけど、わかんないのであれば、男と思わせよう。

お琴　うん、意識させよう。

ルナ　っていうのが、さっき言った〝好きな人いる？〟っていうのと、手を繋ぐっていうところに含まれているから、ここはできる限りやってほしい。

お琴　なんかドキドキしちゃうね、これ。自分が男の立場だったら。〝いつ手繋ごう？〟〝次、手繋がなきゃだ！〟とか思っちゃう。

ルナ　〝どうしたの？　なんか変だよ〟って言われそう。

お琴　だから、できたらしてほしいなあくらい。

ルナ　無理はしないでほしいね。ほんとに攻めの姿勢で考えてみました。この後はバイバイしてすぐにLINEして、それが長引こうが終わろうが、どっちでもいいです。次会う約束は、会話の中でざっくりとしているはずだから、その時になったら連絡すればいいし。それまで期間が空くようなのであれば、たまに忘れないように、会えない時間にたまに思い出させるようにLINEはしていてほしいな※14って思います。

ルナ　ってことで、今回あげたのは、2回目のデートに向けてのポイントだね。

お琴　頑張ってほしいね。

ルナ　男ってかなり意識させるプランになっているから、ぜひこれをできる限りやってもらって、また状況とかを……。

お琴　報告してくれたら嬉しいね。

ルナ　知りたいよ。ごめんね、うちらのせいで、ダメになったら。そのときは苦情、なんなりと言ってください。

※13　逆に、女性が〝女性として見られたい〟ときは「自分でできることをあえて男性にお願いして、してくれたら褒めて持ち上げる！　〝ペットボトルのフタが開かない……開けて〜！え〜凄い！　力もち!!〟みたいな(笑)」(ルナ)、「上目遣いでニコニコします(笑)」(お琴)

※14　どんなLINEを送るべきかというと……「前回のデートで話に出た愛犬や、一緒に食べた食べ物とか、2人で共有したものの写真がいきなり送られてきたら可愛い♡」(ルナ)

「好きな女性のタイプ」の正解

#168 恋愛相談【ネット／好きアピール／復讐／好きなタイプ男版／恋バナ】

相談

22歳男です。お2人の会話の中で度々話題になる〝ムロツヨシ万人ウケ説※1〟めちゃくちゃ発明だと感動しております。そこで気になったのですが、逆に好きな芸能人を聞かれた男は誰を答えればウケがいいのか、お2人の意見を聞かせていただければ幸いです。ちなみに、僕が答えるとするのなら、本気で好きな女優は片桐はいり、ボケるなら小松菜奈です。採点お願いします。

回答

お琴　これさ、さっきルナと話していて議論になったんだけど《本気で好きな女優は片桐はいり、ボケるなら小松菜奈》って書いてあるのね。これってセットで言うのか……。

ルナ　たぶんそのフレーズだね。

お琴　このフレーズで言うってことだよね？

ルナ　言い切ってボケってことだよね？　最初よくわかんなくて。

お琴　そうなの！　本気で答えるなら片桐はいりって答えるって〝えーっ〟ってなっちゃうよね。このフレーズでっていう採点だったら……、まあちょっと……、0に近い……かな※2。

ルナ　**限りなく0に近い……0！　200点満点中2点です**。っていうのは冗談として、ムロツヨシの男版ということで、男はなんて答えれば正解なのか。これですね……。

お琴　考えました！　めちゃめちゃ考えました。しかもこの質問って、この方だけじゃなくて結構いただいていて。

ルナ　もうあるあるだよね。飲み会、合コン……〝どんな人がタイプなの？〟って。もう、考えましたよ。

お琴　言ってください。

ルナ　まあでも、まず最初に言っておくと、女性って、誰でもいいんですけど、**個人名を言われた瞬間に結構に冷めるんじゃないかな**っていうのがあって。〝私じゃない、それ〟みたいな。

お琴　そう。さっきね、それも考えたんですよ。誰だったらいいかなって2人で結構言い合っていたんですけど、もうお互い、〝いや、それなしだね〟ってなっていたの※3。

※1　#136「初デートで…!!超初級編（＋ガヤ）」にて語られた説。女性が好きな男性芸能人を聞かれた際、福士蒼汰や吉沢亮などのイケメン俳優をあげると面食いだと思われてしまうし、男性側も〝自分は対象外〟だと感じてしまう可能性がある。ムロツヨシであれば、みんなが知っていてマニアック過ぎないし、おもしろい性格なので見た目よりも中身を重視している感じが出る、というもの。

※2　こんなことを言われたら「よし、今日はたくさん食べて早く帰ろう」（ルナ）、「しんど～（笑）」（お琴）と、女性は冷めてしまいがちなので注意。

※3　ちなみに「話し合いでは仲里依紗さんなどの名前があがりました」（ルナ）

ルナ　例えばだよ。気になる子とマンツーマンでそれを聞かれた時に、その子に似ている芸能人を言うとかは正解だと思う。だけど、大人数でいて、これ絞っちゃうとちょっと得しないなっていう時に使う技ですね。今から言うのは。

ムロツヨシの女性版は……

お琴&ルナ　ガッキーと長澤まさみを足して2で割って、ゆりやんをかけた顔!!

お琴　これ、結論から言うと**〝茶化す〟が正解なんですよ。**困ったら茶化すっていうのを、まず念頭に入れていただければ。

ルナ　で、あのね、ここの誰と誰を足すかはどうでもいいです!

お琴　そう!　どうでもいいです、これ。

ルナ　なんでもいいです!　もう適当な女の子を言ってもらって大丈夫です。

お琴　大事なのは、最後!

お琴&ルナ　ゆりやんをかける!※4

ルナ　これですべてが完成されるの。ここには実在しない人物が生まれるわけ。これが大事で!　結果言ってないんですよ、タイプ。言ってないし、面白くても面白くなくても相手に突っ込ませる!

お琴　そう、突っ込ませる!　で、しかも最後にゆりやん出てきたら、女性は安心するんですよね。これはたぶん、男性のムロツヨシ理論で、ゆりやん出てきたら、なんか一気に安心するんだよね(笑)

ルナ　なんだろうあの感じ(笑)　絶対なる安心感(笑)　それがゆりやんです。まあ、その後にもう1回、〝いや、本当は……?〟って聞かれる可能性はすごく高いけど、それは自分でなんとかしてくださ〜い!

※4　ゆりやんがなぜベストなのかというと、「全員が顔を知っている+ユーモアで勝負している女性の代表格なので」(ルナ&お琴)

#61 マッチングアプリの恋愛相談コーナー

初対面、トークをどう盛り上げる!?

相談

お2人ともマッチングアプリをやられているとのこと。私もしているのですが、なかなかうまくいきません。初対面で、全然、話が盛り上がらなかったりします。初対面で次のデートに繋がるコツ(トーク術)などがあれば、ぜひ教えていただきたいです。

回答

ルナ　なるほど、トーク術！
お琴　はいはい、きました。
ルナ　初対面の人との。おー、いいじゃん。
お琴　私もめちゃくちゃ気になる。みんな、何を話しているの？
ルナ　これ、トーク術って言われるとちょっと難しいなって思っちゃうんだけど、〝これを話す〟とか決めている人ってこと？
お琴　え、決めてない。決めてないっていうか、相手に結構合わすかも、私は。
ルナ　あーなるほど。
お琴　相手がやっぱ結構聞いてきてくれるじゃん。それに対して基本的に同じようなことを聞くようにしている。
ルナ　ああ、なるほどね。
お琴　お相手の方が恋愛について突っ込まなかったら、私も彼の恋愛について聞かない、みたいな※1。
ルナ　え、それ気になっていてもそうなの？　恋愛について聞きたいけど、相手が聞いてこないって時には聞かないってこと？
お琴　え、聞かないかも！　聞かなかった。マッチングアプリである方と会って、お食事をしたんですけれども、まったく恋愛のことを聞いてこなかったの。だから、私も聞かないし。なんか、家電の話とかしていた。
ルナ　え？（笑）
お琴　最近買ったドラム式の洗濯機がめちゃくちゃよくてとか。
ルナ　え。売られるんじゃね？（笑）　買った？　大丈夫？（笑）
お琴　おすすめされた（笑）　このドラム式の洗濯機、めちゃくちゃよかったよって（笑）
ルナ　やば（笑）　え、じゃあそういう時はお琴も、〝私が最近買った～……〟って返すってこと？
お琴　そそそそ。〝私も洗濯機買うんだったら、ドラム式がいいんですよ～〟って※2。
ルナ　つまんな～!!
お琴　っていう会だったの。でも、ほんとにそれは、つまらなかった。
ルナ　でしょうね（笑）　相手に合わせていたらさ、のぼらなくない？　会話の盛り上がりが。
お琴　え、そう！　だから気づいたの。**初対面で恋愛について話すのって大事だなって。**
ルナ　あー、鉄板。

※1　ほぼ全員が恋愛トークを仕掛けてくるが……「自分に自信がある人ほど恋愛トークに積極的なイメージ」（ルナ）、「恋愛の話に触れない人は経験があまりない人かな」（お琴）

※2　ちなみに、新しい洗濯機は「まだ買っていません（笑）」（お琴）

お琴 そうそう。
ルナ ちなみにそれは〝元カノさんはいつまでいたんですか?〟とか? え、それさ、別れた理由って聞く?
お琴 聞く聞く。
ルナ 私も聞くわ。
お琴 聞くよね。
ルナ ま、でもちょっと、一瞬、聞いていいのかなって迷う時はあるんだよね。
お琴 え、全然聞く。〝なんで別れちゃったんですか?〟って。って言うと、意外と自然に話盛り上がらない? 恋愛のそういうトークに持っていくと。
ルナ 〝どれぐらい続いたの?〟とかね。〝過去に一番長かった人はどれぐらい?〟とか〝何人いたの?〟とか。
お琴 そう。〝どういう人だったの?〟とか。
ルナ 私なんかその勢いでいっちゃうと、**経験人数**※3とか聞いちゃうのよ。
お琴 あー、そっちにもってっちゃうんだ。
ルナ 私、気づいたら経験人数を先に聞いているときとかある。〝今、何人ですか?〟みたいな。
お琴 〝私、何人目ですか?〟って?
ルナ いや、**なんでヤる前提なんだよ!**

映画もマンガも好きじゃない場合

お琴 ほか、これ話すみたいなの、ある?
ルナ えっとー……。私は、恋愛は話すとか鉄板ネタってあんまり持ってないというか、ほんとにその場でパッて目に入ったものから連想するものを喋るようにしていて。
お琴 え、じゃあ、なんかお肉、目に入ったら……。
ルナ あ、それは話さない。食べ物についてはあんまり話さない。
お琴 洋服とかアクセサリーとかってこと? 彼の。
ルナ あ、いや、目に入ったものって、この卓の、目に入ったものじゃなくても、例えば、トイレ行ったついでに〝ねえ、あそこの席の人さ……〟とかって話して。で、彼がトイレ行く時に、〝見てきて。見てきて!〟みたいな。**2人だけの秘密っぽく。**

※3 もし経験人数を聞かれた場合は、「本当に好感度上げを狙うなら具体的な数を絶対言わないに越したことはない! もしも言うなら付き合った人数+1~2人が無難」(ルナ&お琴)

お琴　すごい。

ルナ　あとは、Netflix、YouTube、マンガ。〝どれか見たりする?〟みたいな話。わかる内容だったらのれるし、わかんないやつだったら、〝もう1回言って！　見たいから、メモらせて！　どんな話?〟とか言って話すと、男の人ってね……。話すんよね。

お琴　え、はい、言っていいですか?　私、ほんとにマンガもNetflixも見ないんだ。映画も。だから、映画の話とかになると、結構困る。〝あんま見ないんですよね〜…〟ってなっちゃう※4。

ルナ　え、でもさ、〝これは面白いから見てみて〟とかって言われない?

お琴　言われる。

ルナ　だよね。私、言うもん。

お琴　見てって言われるじゃん。でも、見ないじゃん。だってNetflix会員じゃないもん、私。

ルナ　じゃ、そういうときなんて言うの。

お琴　〝あ、見ときます〜〟って言うよ！　だって、社交辞令として、それは。もちろん見て面白かったら、その後のさ、会話に繋がるっていうのも自分でわかっている。けど、別にそんなに映画好きじゃないから、その人のトークを続けさせようって思うための映画だったら、見なくていいやってなっちゃう。

ルナ　あー。

お琴　そう。

ルナ　なんか、映画とかアニメの話をするときってその作品に別に興味があるわけじゃないの。自分もそうなんだけど、自分が話したい話はするのね。だけど、マシンガントーク※5は別にしないのね。ちゃんと相手の話も聞くから。じゃあ、初対面の人で話せるトークって、お互いに手探りじゃない。っていうときに、じゃあなんでもいいから相手に話すタイムを与える。

お琴　あー、そういうことか。

ルナ　別にその人がどんなに興味ない作品について語ろうが、それでちょっとでも満足してくれるのであればいいし、その人がどれくらいの尺を持って、どんなユーモアを持って話すとかを見ているし※6、私は。野放しにする、1回。〝**お前のターンだぞ！**〟**みたいな**※7。

お琴　好きなことを喋れっていうチャンスを彼に与えるんだ。

ルナ　でも話してもらっていることにはめちゃくちゃリアクションはするようにしている、なんでも。興味

※4　「そんな私でも『バーレスク』だけは大好きで、何十回も見てます」（お琴）

※5　過去にマシンガントークでの失敗があり、「高校時代、好きな人との初デートの帰り道に、彼がシャイだと思って1人で喋り続けていたら、10年後に〝あの日、ルナがずっと喋ってたから俺が話すタイミングなかった〟と言われたことが。それから相手の話も聞くようになりました(笑)」（ルナ）

※6　ほかに見ているポイントは「注文する料理やドリンクをポンポン決められる人かどうか」（ルナ）

※7　基本的には〝相手のターン〟を先にしているそう。「話す割合としては相手6：自分4だけど、本当に気が合う人とは自然と5：5になっている気がする」（ルナ）

ないなりに、茶化すような感じで〝うわ、絶対見ないや、私。絶対つまんないもん。趣味悪〜！〟みたいな。

お琴 なるほどね。

ルナ そこで1回、どの方向で持っていくかを決める。〝めっちゃ気合いますね〟なのか、〝え、キモ〟みたいなことを言い合うのか……。っていう関係性をそこで作っていく。

お琴 なるほどね。じゃあ、お相手の方が私みたいなタイプだったらどうすんの？

ルナ Netflixとかマンガとか見る？

お琴 え。見ない。

ルナ え、じゃあ**『北斗の拳』**※8は知ってるっしょ。

お琴 知らない。

ルナ 名前は知っているでしょ。『北斗の拳』って実は読んだことない人が多いのよ。私ね、実家にあって。10巻しかないの※9。

お琴 えっ！　そうなん！

ルナ みんな長いって思うじゃん。

お琴 思う！　うん！

ルナ で、私、その**10巻で3回号泣した**※10。マジ。1回見てみてほしい。

お琴 スベらない話みたいになっているじゃん（笑）

ルナ だから、そういう鉄板トーク※11をする。

お琴 なるほどね、うまいね！　なんかもうセットがあるんだ。

ルナ あるある。じゃあ、あなたにはこれだよっていう。

お琴 はいはい。

ルナ 見ようが見まいがいいけど、ちょっとはさあ、〝そうなんだ〟って言ってくれるじゃん。それ待ちしてる。

お琴 たしかに！　今、〝そうなんだ〟って思ったもん。のせられているわ、私。

ルナ でしょ。『北斗の拳』の話はめちゃくちゃみんな〝え！〟ってなる。

お琴 なる！　今なったもん！

ルナ そう。ちょっとでも相手が知っているワード。からの〝じゃあ逆に普段、何してるの？〟って言う。

お琴 あーはいはい、うまいね。

※8　1983年〜1988年まで『週刊少年ジャンプ』で連載されていたレジェンド作品。原作・武論尊、漫画・原哲夫。アニメ化だけでなく、舞台、ゲームにもなっている。

※9　通常の単行本は24巻。ルナが持っているのは文庫版。「家に帰って確認したら文庫版で15巻でした！すみません（笑）〝想像より短いから意外とサクッと読めるよ〟と、推したかったのです」（ルナ）

※10　ちなみに、いちばん泣いた場面は、「聖帝十字陵の頂上でのシュウはヤバかった」（ルナ）

※11　ほかの鉄板トークとしては「愛犬めっちゃ可愛いんだよ〜。でも、犬アレルギーってことが最近発覚して（笑）目めっちゃ痒くなるけど、好きならアレルギーも乗り越えられるって愛犬が教えてくれたから私の愛は偉大♡」（ルナ）

ルナ　ゴルフって言われたら、〝え！　ゴルフ、最近始めたくて※12〟みたいな。〝やっている動画ないの？〟とかって言う。

お琴　あー。

ルナ　これはなんか、自分に合ったトークだからね。

お琴　そうだね。たしかに。

ルナ　鉄板ネタって言われると、難しいね。

お琴　私もその人に合わせちゃうかな。ほんとに。

ルナ　今のお琴と、私がやったやつをやればいいんじゃない。恋愛の話はした方がいいと思う、うちも。

お琴　した方がいいよね。

ルナ　しかも関係が深くなればなるほど、聞きづらくなることって出てきたりするじゃん！　付き合う間近になって、今更、元カノ※13のこと聞くとなんかちょっと重い女って思われそうとか……。

お琴　そう。だからこれ絶対、最初に片付けといたほうがいい。

困った時は「おとあだ」、使えます

お琴　で、あと1個、最近すごい盛り上がるなっていう話題を見つけたの。

ルナ　何、何？　気になる！

お琴　私、結構ね、言わないようにしようって思ってるのに、自分がこの**ポッドキャストやっていることを言っちゃうのね。**

ルナ　あー！　そういうこと！

お琴　ポッドキャストやっているんだっていう話をして、〝どんなのやってんの〟って言って、タイトルだけバーって見せただけで、そこだけで話がめちゃめちゃ盛り上がる。

ルナ　あー！

お琴　そんな突っ込んだ下ネタとかじゃなくて、男女の友情はありえるのかみたいなタイトルとかあんじゃん。それで、〝これどう思う？〟みたいな話とか、あとは、最近やった、〝どっち派？〟みたいな。〝追いかけたい派？　追われたい派？〟とか。〝最近ハマってるポッドキャストあって〟とか言って、**タイトル見せるだけで割と話題がある**※14。

※12　「私は最近もゴルフに行ってます。ベストは120くらい（笑）」（お琴）

※13　逆に元カレの話を聞かれたら「褒めてからけなします。〝こういうところに惹かれて好きになったけど、こういうことがあって別れて、もう未練ない！〟って」（ルナ）

※14　話が盛り上がりやすいエピソードは「おすすめは#23『女が男に冷める瞬間』など。おすすめしないのは下ネタ系（笑）」（お琴）

ルナ　たしかに！　相手の〝いや、俺はこう思うけどね〟みたいなの出てくるかも！

お琴　っていうのが、最近発見したトークテーマ（笑）なのでみなさん是非、この『結婚したい乙女たちのアダルトトーク』を話してみてください。

ルナ　うわー！　うまい布教するな～！

アレを「飲んで」と言われます

#90 恋愛相談【Hのコンディション／出たものを飲みたくない／結婚の焦り／妹のギター教室の先生が好き etc.】

相談

彼氏がゴムに出した後に出したものを飲んでほしいと言ってきます。彼氏に喜んでほしいからいつも頑張って飲むのですが、正直、味は……。

みなさんセックスした後、飲んでいますか。また、うまく断るコツがあれば教えてほしいです。

回答

ルナ　あ、嫌なんだ、一応。

お琴　やだね。

ルナ　てかさ！　これさ！　**嫌だよね！**

お琴　嫌だ！　めちゃくちゃ嫌！

ルナ　読んだ時、**ゾワッとした！**

お琴　どういうこと？　ゴムに出した後に……。

ルナ　そのゴムに入ってるやつを。

お琴　飲むってこと？※1

ルナ　ヤバくない？

お琴　それは無理。

ルナ　うちも無理。ダイレクトだったらギリ。

お琴　そう、しょうがない。しょうがないなって思うけど……。

ルナ　飲んだことある？

お琴　ある。初めて口に出されたときに、もう**口に出された＝飲まなきゃいけない**んだと思っていたの、私は。

※1　口の中に直接出して飲ませるよりも、ゴムの中に出した〝アレ〟を飲ませるほうが、女性がより〝痴女〟であるように感じられ、男性側の征服欲が満たされるという。こうした表現のあるAVの影響だと思われるが、特殊な性癖によるプレイ。

ルナ　うちもはずみでごっくんって。
お琴　そう。私もごっくんってしたら驚かれた。えっ！　飲んだの!?みたいな。
ルナ　私も私も！　〝出していいのに！〟って。
お琴　そうそうそう。で、私はそこで知った※2。出していいんですか!?って。
ルナ　そういうやつなんだって思ったよね！
お琴　そう。口に入れられたものを**ペッてするのって、なんかちょっとはしたないじゃん。**
ルナ　そう。てか、習慣としてさ、ないじゃん。1回口に入れたものをペッて吐き出すのって。だからさ、行儀がいいと思ってしてたことが、すげえ汚かったみたいな。あるよね。
お琴　そうそう。
ルナ　たしかに飲みたくない。
お琴　うわぁー……、でも飲んでって言われたら飲むわ。

私だったら、飲まれるの嫌だ

ルナ　男性ってどうなんだろうね。嬉しいのかな？
お琴　どうなんだろうなー。
ルナ　え、でもさ、**何で嬉しいのか全然意味わかんない。**
お琴　たしかに。
ルナ　汚くない？※3
お琴　だってさ、これ、逆を考えてみなよ。嫌じゃない？
ルナ　自分が男でってことでしょ。
お琴　違う（笑）自分が女で、自分から出るものを飲まれたらさ※4、嫌じゃない、それ!?
ルナ　え、たしかに！
お琴　え。そう。逆を考えたらめちゃめちゃ嫌だなと思って。
ルナ　変だよね。あの文化って。
お琴　だから、なんで男性は飲んでほしいって言うんだろうって思って。
ルナ　で、1回飲んでしまうと、〝この子は飲める子。イケる口や〟って思われちゃうからダメだよね。

※2　飲まなくてもよいことを知ったのは「大学2年生とか？」（ルナ）、「大学1年生」（お琴）

※3　口の中に出して飲ませようとしてくる男に対しては、その口でキスをすることで、〝アレ〟の独特な風味を味わわせて不快感を与えるという対処法もある。

※4　女性から出たものを飲みたいという性癖を持った男性もおり、そのようなプレイを取り入れたAVもある。おそらく、女性が恥ずかしがる姿に興奮していると思われる。

お琴　嫌なものはちゃんとはっきりと言うこと。

ルナ　どんなことでもそうだけど、**嫌なものはちゃんとNOを言いましょう。**それが行為中であって、シラケてしまうとわかっていても、それは言いましょう※5。

お琴　言ったほうがいいと思う。

ルナ　だから、もう次から言うしかないよね。

お琴　そう、次から言ったほうがいいと思います。うん。嫌なものは嫌とハッキリ言いましょう。

彼がいるのにやめられない浮気

#90 恋愛相談【Hのコンディション／出たものを飲みたくない／結婚の焦り／妹のギター教室の先生が好き etc.】

相談

私には付き合って2年半の彼氏がいます。しかし、10か月ほど前から仕事で出会ったAさんと関係を持ち続け、その方からもアプローチをずっと受けています。Aさんは、7つ上のバツイチ独身で、かなりの遊び人。私には来てほしいと言ったり、仕事の相談など、いろいろな姿を見せてくれて、他の女の人とは違う扱いを受けているのはわかります(おそらく今も遊んでいます)。彼氏とは結婚の話も出ていて、確実に幸せになれるのは今の彼氏を選ぶこと。しかし、26歳という年齢的にもまだ自由にしていたいという思いもあるため、別れてAさんと付き合うかとても悩んでいます。ルナさん、お琴さん、お2人ならどうされますか。

回答

ルナ　そうですねえ。私たちであるならば、**彼氏と付き合ったままその人と遊び続けます**。結婚はとりあえずまだしない。

お琴　そうだね。しない。

ルナ　なんでそうかって。彼氏を傷つけることはもう重々承知なんだけど。たぶんあなたはその彼氏と結婚したほうが、自分でも言ってるけど幸せになれるのよ。

お琴　わかってんだよね〜。

ルナ　別れちゃいけないのよ。**別れて遊び人のほうに行くのはもってのほかだよ**。てか、その遊び人、彼氏いること知っているとしたら、彼氏いるのが興奮材料になっている可能性もあるし※1、こういう遊び人ってどっかでボロが出るから。

※5　2019年にLINEとNHKが共同で行った調査では、性暴力被害を自分の周囲で聞いたことがある女性は31%。相手の望まない性的行為はすべて性暴力である。個室で2人きりになれば……、キスをしたら……など、人によって〝同意〟だと判断する行動の認識にズレがある場合もあるため、言葉で同意をとることも重要！

※1　パートナーがいる相手と、それを知りながら性行為をすることに興奮する『寝とり』という性癖や、他人が自分のパートナーと性行為をすることに興奮を覚える『寝とらせ』といった性癖を持つ人も存在する。

お琴　それ！　マジでそれ。
ルナ　どっかでボロを見せる瞬間がある。〝私が他の女の人とは違う扱いを受けています〟みたいな言い方をしているけど、フタ開けたら意外とそうでもなかったりする※2。他の子にも同じようなことをしてたりとかっていうボロを絶対この人はいつか出すから。そのボロを見る日まで、あなたが〝やっぱりこの人じゃない〟って確信する日まで、私だったら遊ぶかな。ただ、その間にそれが**バレて彼氏にフラれても、それは自業自得やね。**
お琴　そうだね。それを承知の上で遊ぶのは、まあいいんじゃないかなと思います。だってね、これね、こういう質問をしてくる時点でね、遊び人のほうのこと、かなり好きだと思うんだよね、この子。
ルナ　わかる！
お琴　その気持ちを押し殺して、彼氏のことを好きになろうとしても、もう彼氏を好きになれないから。

本気の気持ちを裏切っている自覚はある？

ルナ　そうなの！　私の友達、それで彼氏と別れたのよ。
お琴　あ、別れたんだ。
ルナ　別れちゃったんだけど、でも、その時に彼氏さんが言った言葉がゾワッってしたんだけど。ゾワッっていうか、なんか胸が痛くなる。浮気しているのを知って、別れるって言われたけど、**〝浮気されたことの悲しみよりも、あなたがいなくなることの悲しみのほうがでかい〟**と※3。
お琴　えー。
ルナ　その彼氏さんは浮気されたらさ、パッと別れるかわからないけれども、たしかにさ、なんかその痛みってすごいわかるんだよね。
お琴　うわあ、なんかほんとに好きなんだろうね。
ルナ　そうそう。
お琴　ほんとに愛していたんだろうね。
ルナ　そう。この彼氏さんも結婚考えているってことは、それぐらいきっとすごい好きで、あなたを失う痛みほど痛みなものはないから……。うん、まあ、そうね。**裏切っているっていう自覚を持ったまま行動してください**※4。

※2　遊ばれているだけかどうかを見分けたかったら「ストレートに告白するか、〝私のことをどう思っているの？〟って聞くしかない！　聞けない人は……心のどこかで、答えをわかっているよね？」（ルナ）

※3　この友人のその後はというと……「彼と別れた後に浮気相手とすぐ付き合っていました。ただ、その男性とケンカをするたびに、優しかった彼を引き合いに出して、結局すぐに別れました。ない物ねだりをしているうちは誰ともうまくいかないのかも？」（ルナ）

※4　「もっと本気でいい恋愛をして失うべき。その時に本当の痛みがわかる。私も大恋愛を経て変わったので今なら両立は勧めません！」（ルナ）

お琴 そうだね、

ルナ その自覚は大事です。

お琴 そう、それは絶対、持っといたほうがいいけど、きっと今、その、遊び人のほうがたぶん彼女は好きだから、その気持ちを押し殺して、彼氏のことを好きになろうってのは絶対に無理だから、遊び人のほうのボロが出て、**ボロが出た瞬間にきっと冷めるから、その恋は。**

ルナ そのタイミングがたぶん結婚のタイミングだと思うよ。

お琴 それを待つっていうのが、たぶん一番いいんじゃないかな。

ルナ うん、まあ、とりあえず1つ言えるのは、マジでその人はやめといたほうがいい。

お琴 マジでやめといたほうがいい。ほんとに。そう。第三者からすると絶対やめといたほうがいいの。

ルナ うん。やめといたほうがいい。

お琴 けども、好きってなっちゃっているから、だったら傷つくまで遊ぶっていうか一緒にいたほうがいいよって思う。

ルナ です！

アラサー男が持つべきバッグ

#151 恋愛相談【男性のバッグ、浮気発見、親友の彼女が遊んでる事を教えるべきかetc.】

相談

『初デートでして欲しくない』※1の回で、男のバッグの問題を話していましたよね。ルナさんは手ぶらで来てほしいと言っていましたが、私だったらもしアラサーの年上男性が手ぶらだったら、もしくはポケットに財布を入れてきたら、低所得者なんだなとドン引きします。サコッシュも大学生みたいで嫌です。アラサーの男がデートでどんなバッグを持ってくるべきか、お2人の意見をもっと知りたいです。

回答

ルナ なるほど。バッグって難しくない？

お琴 わかる、男性のバッグって難しくない？

ルナ そう。男性のバッグが難しい。女性の場合はよくおっきな荷物はあんまり好かれないって言われがち。**ちっちゃいほうがちょっと好感度は上がる**と言われるけど※2、別にさ、男性は大きさはどれでも

※1 #141「初デートでして欲しくないこと～リスナーver.～」も聞いてみて！

※2 小さいバッグにしたいためにしている努力は、「財布もその中身もわざわざ入れ替えてるー！ 鼻炎だからティッシュは必須だけど、地味にかさばるから入れません！ ください！」(ルナ)、「化粧品はリップだけでいいように家で完璧に仕上げていきます！」(お琴)

あんまりよさそうじゃない。

お琴 うん。

ルナ でも結構、男性のバッグってなると、ある程度限られてきて。

お琴 たしかに。

ルナ 手ぶら。あとは……**オフショル。オフショルじゃない！** なんて言うの、これ、あの、なんて言うの！

お琴 肩出してきた(笑)

ルナ オフショルは、今日うちが着ようか迷っていた服(笑) ※3

お琴 もうやめて(笑)

ルナ もうなんか頭の中がごめん(笑)

お琴 ショルダー？ 斜め掛け？

ルナ ショルダーバッグとか、あと、でかいバッグの人もいるよね。

お琴 いるね。え、でもさ、好きなバッグある？ 私あるんだよね。男性の好きなバッグ。クラッチバッグ。

ルナ たぶん、クラッチバッグが一番お金持ちだと思う※4。

お琴 あー、そういうこと？

ルナ で、一番貧乏なのがおっきなバッグを持っている人だと思う。

お琴 あー……。

ルナ ごめんね、ごめん。すごい偏見だよ。

お琴 偏見なんだよね、これって。でもね、私的にごめん、私の経験で言わせてもらう。これもまた偏見なんだけど、結構**手ぶらで来ている人、お金持ちの人、多いな**っていう印象。私的には。

ルナ なるほどなるほど。てか、仕事できる人が多い。無駄がないんだよ。なんかどっかで言われていたんだけど、男女ともに荷物が少ない人のほうが効率的に動ける人なんだよ。

お琴 なるほど。

ルナ そうそうそう。だから、荷物多い人はあんまりそそられない。

風呂敷がバッグな男が現れた

お琴 あ、でもそうだね。なんかさ、トートバッグとかで来られたらちょっと嫌。

※3 オフショルダーの略。ネックラインが大きく開いた、肩が見える服のこと。ちなみにオフショルは「大好きでよく着る。男子ウケも自分ウケも、今のところはまだいいです」（ルナ）

※4 一時期はクラッチバッグが流行ったが、現在はあまり見かけなくなっている。「私も、この発言をした記憶が全くないくらい、全然今はそう思いません(笑)」（ルナ）

※5 ここでいうトートバッグとは、「学生がよく持っているような、コットンタイプのトートバッグはちょっと……」（ルナ&お琴）

※6 ちなみに、リュックサックは……「あくまで個人的にですが、ハイブランドのリュックを持ってる男

ルナ　トートバッグはアラサーになってきつくないか※5※6。

お琴　嫌だ！

ルナ　私、**過去のデートで風呂敷の人がいて（笑）**※7

お琴　待って！（笑）え、すごくない！　逆にそれがいいんじゃない。もう。印象づくじゃん！　風呂敷男って！

ルナ　アダルトークのネタならいいけどさ（笑）自分のデート相手として〝これ可愛くない？〟とか言って。

お琴　それ、何の柄だったの？

ルナ　もう、いろんな柄があって。

お琴　〝可愛くない？〟って言われてどうしたの？

ルナ　〝おぉ……〟って。

お琴　その風呂敷の中に何が入っているの？

ルナ　全部だよ。彼の（笑）**彼の全部が入っているわけ**※8。

お琴　そんなに入るんだ！　風呂敷って。

ルナ　入る。結構入る。でかかったよ。

お琴　へぇ〜……。面白いわ。

ルナ　だから、バッグ……でかい系と風呂敷以外なら私はオッケー。

お琴　なるほどね。

ルナ　低所得者系はなんかあるのかな。共通点が。

お琴　ない気がする！　別にこのバッグを持っているから低所得者ですとか高所得者ですとかない気がする。

ルナ　たしかに。

お琴　シンプルにその人のファッションセンスじゃない？（笑）

ルナ　あーでもそれはある。あ、でも、ブランド物を全身、例えば、サングラスから始まり、足の先まで**全部ハイブランドで固めてる人はあまり信用しない**ほうがいいっていう。もう所得の問題じゃなくて。

お琴　信用問題ね（笑）

ルナ　あまり信用しないほうがいいと思う。人として※9。

お琴　なんかちょっと言いたいことわかる。

ルナ　本当のちゃんとした安定した人たちは、そうはならない。

性は可愛くて好きです」（ルナ）、「その人のファッションに合っていたらOKだと思う」（お琴）

※7　「風呂敷は四つ角を一つに結んで、サンタクロースみたいに持ってました！（笑）お財布もその中に入れていました！」（ルナ）

※8　荷物を出すたびにいちいち結び目を解いていたため、「中身は全部、見えました。財布を出すときに、テーブルで広げていました（笑）」（ルナ）

※9　なぜそう思うのか聞いたところ、「〝全身ハイブランドの人と全身ユニクロの人、どっちがいいですか？〟って言われたらほとんどの人が後者を選ぶと思います。全身をハイブランドで固めていると、ブランドやお金の力にモノを言わせて人を集めるような、浅はかなタイプに見えてしまう、という偏見です（笑）」（ルナ）

彼氏がいて男友達と旅行はダメ？

#151 恋愛相談【男性のバッグ、浮気発見、親友の彼女が遊んでる事を教えるべきかetc.】

相談

私は今、大学生なのですが、夏休みに高校の同期4人（男女2対2）で1泊2日の旅行に行こうと思っています。4人のうち私だけが彼氏持ちで残りの3人はフリーです。彼氏からは〝なんで他のみんなはフリーで自分だけ彼氏持ちの状況なのに、泊まりの旅行に行けるの？〟と言われています。この状況で泊まりの旅行に行くのは私の考えがおかしいのでしょうか？　恋人がいるいないっていうのは、たまたまそのときによると思うし、高校の同期だから今更何か起こるとかも考えられません。おふたりならどうするか教えてください。

回答

ルナ　じゃあ、行くか、行かないか最初に言うか。
お琴　え、これはさ、大学生の自分？　今の自分？　じゃあ、大学生の気持ちになろ。
ルナ　オッケー。じゃあ行きましょう。せーの。
お琴　**行ってフラれました！**※1
ルナ　行く！
お琴　だからね、（この相談を）読みたかったの。私は男女2対2の海外旅行に3泊4日くらいかな、行きました。彼氏も〝いいよ。行ってきな。楽しんできてね〟みたいな。で、もちろんその旅行では何にもない、本当にただの友達として、シンプルに楽しんで帰ってきたら、**〝本当に行くと思わなかった。別れよ〟**って言われて。
ルナ　これ、男性の心理だから！
お琴　はい。別れました！
ルナ　前も話したけど、**〝行っていいよ〟って、全然よくないから！**
お琴　わかる！　男性のプライド的なもので、〝許してあげなきゃ〟みたいなのがあるんだろうね。
ルナ　そうそうそう。止められないんだろうね。でも、私は残された側の味方ですよ。それはいかなるときも、自分が行くときも、心はあなたの味方ですよ※2。かわいそう。
お琴　えっと、待って。てか、〝行く〟って言ったんだっけ。

※1　「大学1年生から約1年間付き合った彼に、この旅行がきっかけでフラれました」（お琴）

※2　この発言の真意は、「束縛されるのが嫌いなので自分は行っていたけど、元カレに同じことをされたときに、待つ側の気持ちを痛

ルナ はい。
お琴 行くって言ったよね。
ルナ 私は行きますよ。だって、**楽しいことが目の前にあるんだったら、飛び込みますよ。**でも、気持ちはかわいそうって思う。
お琴 行くけど〝彼氏かわいそうだな〟って思うの?
ルナ 思う。だって、冷静になってほしいんだけど、今回、自分だけが彼氏彼女持ちって話だったけど、別にそれってあんま関係なくって。仮に全員が彼氏彼女持ちでも、やっぱ嫉妬はするよ、結局。理由付けであって。
お琴 そうだね。
ルナ それってなんでかって、〝何もない〟っていう気持ちはわかるの。私もそういうときあるから。〝ほんとにこんなメンバーあるわけないじゃん〟みたいな。でも、彼氏にはわかんないし※3、ほんとにないメンバーでも、行ってしまったら**本当にあったかないかなんて妄想しかできないわけじゃん。**
お琴 見えないもんね、結局。
ルナ そうそう。結局〝証明はどうしてくれるんですか?〟っていう。これは嫉妬されてしょうがない。だから、別に行きたいなら行ってもいいけど、やっぱりお琴みたいになるのを腹をくくって行くしかない。
お琴 そう。その通りだと思う。もうその覚悟を持って行く。
ルナ それだけ、1回、人に嫌な思いをさせているってことだから。
お琴 そうそうそう。だから、**自分の優先順位はどっちが高いか**っていう話ですよ。

では今の自分なら行く? 行かない?

ルナ はい! とか言って。で、私とお琴は、行くほうだった(笑)大学生のときはね(笑)
お琴 大学生のときはね!(笑)逆にさ、今だったらどうする? 今、せーので言おうよ。せーの。
お琴&ルナ 行く!
ルナ **成長してねえじゃん!(笑)**
お琴 今の歳になったら、ほんとになんもないなって思わない?※4、彼氏が〝行きます〟ってなったら……。
ルナ でも、私、言ったことある。〝は?〟とか言って。
お琴 え、どういうこと?

感しました。昔からの付き合いで築き上げた関係や、その人にしかわからない感覚もあるから、〝何も起こらないから〟と、行く判断をする人の気持ちもわかる。でも、残されたほうはその〝感覚〟なんてわかるわけない。想像で不安になってもおかしくないし、自分は〝何もない〟と思っていても、周りの異性は違うかもしれない。どっちの気持ちもわかります」(ルナ)

※3 たとえ一緒に行くメンバーを事前に紹介したとしても、「より具体的に嫌なイメージをしてしまうから嫌!」(ルナ)、「私は会わせて欲しいかな。人柄を見て、安心できなかったら彼氏に言います」(お琴)

※4 本当に何もないと思えるかどうかは「結局のところ信頼関係がどこまで築けているか。彼氏のタイプによっても変わりますね」(お琴)

ルナ　後から聞いて〝は？〟みたいな。ってなったことあるよ。
お琴　あ、前もって言われなかったパターンか。
ルナ　そう。嘘つかれたの。
お琴　それはないわ。
ルナ　あ、だからそうかも！　事前に言われるかどうかってかなり大事かも。
お琴　大事。
ルナ　この歳はね、もう。
お琴　そう言われたら、ほんとにやましいことないなって思うんだよね。もうそういう年齢じゃないだろうなって。そういうのを過ぎただろうなって※5。
ルナ　だし、ちょっとイラっとしたとしても、こっちも飲みに行きますよ。
お琴　たしかに。
ルナ　**自分のことは自分でコントロールしますっていう話です。**

※5　収録当時は事前に言われたら許せると思っていたが、「考え方が変わったので今は許しません」（ルナ）

ありのままの自分を受け入れてほしい

#180 恋愛相談【女磨き／脈アリ無／処女／マッチングアプリワンナイト／中の上 etc.】

相談

私は好きな人ができるとその人に振り向いてほしくてダイエットし、リバウンドしたらフラれるという経験を何度もしています。ダイエットの方法が間違っているのはわかっていますが、その人のためにどうしても痩せようとしてしまいます。

しかし、年齢とともに痩せにくくなるし、見た目を理由にフラれるのもしんどいです。人を好きになることも嫌になってきました。この先、ありのままの自分でも受け入れてくれる男性は現れると思いますか？　自信のない外見でアプローチしても引かれませんかね？

友達にもなかなか相談できずモヤモヤしています。回答いただければ嬉しいです。

回答

ルナ　なるほど！　好きな人がいるとダイエットするってみんなじゃない？※1
お琴　みんなそうだと思う。切実なんだよ。

※1　ルナとお琴のダイエットは……「大学生のときに彼氏のために毎日1時間ウォーキングして2か月で-5キロしました！」（ルナ）、「本気で絞りたいときは、今でもファスティングします」（お琴）

ルナ　めっちゃ好きなんだろうけどさ、気になるのは、どういうダイエット法をしているのかっていうのと、元がどれぐらいの体型でどれぐらいのダイエットをして、かつどうやって戻っているのか。

お琴　あー。

ルナ　だって、それによって結構違くない。

お琴　なるほどね。

ルナ　だって、3キロ痩せました。で、また3キロ戻りました。だったら私、それがフラれる原因じゃないと思う。

お琴　たしかにそうだよね。

ルナ　20キロとか10キロとかになってくると、ありえるかもしれないけど。

お琴　なるほどね。

ルナ　どうなの。

お琴　私が思ったのが、好きな人ができるとその人に振り向いてほしくてダイエットするわけじゃん。で、たぶん振り向いてもらって安心してリバウンドしているわけじゃん。ってことは、好きな人に振り回されているなって思ったのね。そもそもこの自信のない外見でアプローチして、でも〝引かれませんかね？〟っていうこの文も気になって。**〝自信のない外見でいる必要なくない？〟って私は思うのね。**だから、なんか考え方を変えてほしいなって思った。

ルナ　はいはい。

お琴　好きな人のためにダイエットをするんじゃなくて、**自分が自信を持てる体型でいられるようにダイエットをするのが正解だと思うの。**そしたらリバウンドしないと思うんだよね※2。

ルナ　なるほどね。

お琴　今までは好きな人のために痩せていたわけじゃん。で、その人と結ばれたから戻っちゃう。でも自分のためにダイエットする。だったらたぶんいつまでもその体重をキープしていられると思う。考え方というか。

ルナ　あ、大事かも。

お琴　な気がするな。

頑張っていない女子なんて、いないんですよ

ルナ　お琴とちょっと似ているところと似てないところがあるのは、違うところから言うと、うん。私、な

※2　お琴がこの考えに至ったのはポールダンスとの出会いがきっかけ。「もともと私は万年ダイエッターで、体重が2〜3キロ増えては気持ちが病んで、また2〜3キロ痩せて……みたいなタイプでした。でも、アメリカ留学に行ったら私の2倍くらいある人たちが、周りの目を気にせずに水着姿で自信満々にポールダンスをしている。そのときに、〝体型ってただの自己満にすぎない、太っていても痩せていても、自分にとってのベストだったらいいんだな〟と、思うようになりました。自分を肯定できるなら体型なんて関係ないけど、それが原因で自分のことを好きになれないのはもったいない！」（お琴）

んか、好きな人がいるからこそ、頑張れるときってあると思う。好きだから、その人のためにダイエットしようって思うのは、全然いいと思うんだけど。最後のほうに、〝ありのままの私でも好きになってくれる人はいますかね?〟ってあったじゃない。それってたぶん、ダイエットをしない私って意味だと思うんだけど、そんな人いませんよ。

お琴 おー、言ったね。

ルナ いないと思う。だって**全女子、頑張ってるよ。**

お琴 おぉ〜! たしかに!

ルナ 仕事もそうだけど、見た目も、**頑張ってる人はやっぱり磨かれていくし、そういう人を人は好きになっていく**から。そういう意味で**ありのままで何もしないっていうのはただの怠惰です。モテません。**

お琴 え、じゃあ、はい! そんなルナさんに聞きたいです。ルナさんは、何を頑張ってるんですか?

ルナ だから、美容院行ったの!![※3]

お琴 伏線回収だったわ(笑)

ルナ 激おこ! 激おこぷんぷんだよマジで! ほんとに! それで、ちょっとなんか、微妙な感じで帰ってきたよ!

お琴 3回目もあんじゃない(笑) 1か月に3回美容院行く女(笑)

ルナ ありえるありえる(笑) でも、これはふざけた話だけど、ありのままっていうのは、お琴が言ったように、**自分なりの頑張った先がありのまま**だから、それを好きになってくれる人を探すのはいいけど、何もしないでそれを言うのはやめようねって。

お琴 あー、なるほど。おぉ、すごいいいと思う。

ルナ 今は過剰に頑張っているのかもしれないけど、ちょうど中間ぐらいでいこう。

お琴 そうだね、それが大事だと思う、ダイエットは。ストレスと自分の兼ね合いだよね。

ルナ マジで、モチベーションあるよね〜! これは、全女子がわかることだよ。

お琴 そうだと思います。

ルナ **あなたを好きな人はいます!**[※4]

お琴 **います!**

※3 この本では掲載していないが、冒頭でルナが1か月で2回目の美容院に行ってきたという話をしている。オーダーとは違い、髪の根元が明るい色、毛先が暗いヘアカラーにされたことを嘆いていた。

※4 ここまで叱り調だったのが、シメでは相談者へのエールに変わったのは「自分に自信がないときって相手からの愛ばかりを求めがちになると思うんです。相手から肯定されることが自信に繋がる、みたいな。私も以前はそういうタイプでしたが、今の年齢になって、自分のことは自分で肯定してあげられるようにならないと、いい恋愛ってできないなってわかりました。だから、まずは自分を好きになってあげること。それさえできれば絶対いい恋愛ができると思ったので、相談者さんを前の自分と重ね合わせて〝大丈夫だよ〟と伝えたかったんです」(お琴)

ワンナイトの相手に沼りそう

#180 恋愛相談【女磨き／脈アリ無／処女／マッチングアプリワンナイト／中の上 etc.】

相談

19歳専門学生の女です。私は今年の春に付き合った年上の彼と初体験を迎えましたが、9月末に別れてしまいました。約2か月間、好きな人も彼氏候補もできるわけではありませんでしたが、ついに昨日、クラブ&ワンナイトデビューしました(相手は彼女持ちかもしれない……)。

元カレに比べるとすごく扱いも優しくて、1つ1つ〝痛くない？　大丈夫？〟と気遣ってくれて、元カレの雑さに気づくと同時に、その方に沼りかけています。ホテルでの営みが終わった後、彼のお家にお邪魔し、ただただくっついて寝て朝を迎えました。

私は恋愛面では激チョロ女なので、優しくされるとすぐ傾いちゃう性格です。クラブで出会ってワンナイトした相手なんて、お互いに本気な感情も湧かないってことはわかるんですが、彼氏以外としたのが初めてなのと、優しすぎたので沼りそうです。

長々と語ってしまいましたが、ルナさんお琴さんに質問です。お2人はワンナイトした相手に沼ったり、本気で好きになったりしたことはありますか？

また、好きにならないようにどんな心持ちで臨んでいますか？

回答

ルナ　こ、れは……！
お琴　ごめんなさい。今ちょっとね、あーなるほどなって思いましたね、はい。
ルナ　これは……。
お琴　これもなんか切実というか。いや、あのね、違うの。この悩みって私思うんだけど、**経験が浅いからあるお悩み**だなってめちゃめちゃ思いまして※1。
ルナ　そうだね、そうね。しかもワンナイト×クラブなんですよ、今回。
お琴　あーなるほどね。
ルナ　もう、条件が揃ってますね(笑)　クズ男の条件※2が揃っているんですよ。で、先に1個言いたい。マジで先に1個言わして。
お琴　はい、どうぞ。

※1　2人が同じ悩みを持った経験は……「ナシ。行為をする前から好きならともかく、行為があっただけで好きになることはありません」(ルナ)、「ワンナイトの人にハマることはなかったですが、セフレを好きになったことはあります(笑)」(お琴)

※2　ほかにも「ひたすら優しいくせに〝付き合おう〟は絶対言わない」(ルナ)のも、クズ男の条件。

ルナ　元彼、あんまりこういう言い方するのは失礼だけど、たぶんよくない人だったんだね。その言い方だと。だけど、その男も大概ですよ。

お琴　そうだと思う！　たしかに！

ルナ　ベッドの上で優しいって……、それは優しさに含まれません。**ベッドの上で行われたことは、優しさと呼びません！**※3

お琴　さすが！　さすがパイセンですね。

ルナ　じゃあ、お琴さん、どう？

お琴　なんかね、2人目じゃん、この子って。経験人数がそもそも少なくて、比較対象が元カレとその人しかいないっていうのが、その沼る原因だと思うの。

ルナ　おぉ！　じゃあどうすればいいの！

お琴　**えー、違う男と寝てみましょう！(笑)**

人生の過程で沼る恋愛も必要です

ルナ　最低！(笑)　最低だ…！　けど1個言わして！　うちもそう思う！　でも、理由は違うの。

お琴　あ、理由違う？

ルナ　この子、沼る体質って自分でわかっているって言ったじゃん。で、ほかにたぶんいい人いないじゃん。しかもまたクラブ行くと思うんだよ。

お琴　行くね。

ルナ　たぶんね。**どうせ誰かしらにね。沼るよ、この子は、いずれ。**

お琴　あー。

ルナ　そういう体質の子ってどうやってもそういう道を通るから。だからもう、ちゃんと、ゴムをしていただいて、ピル※4を飲むなり、自分の身を守って、病気とかにも気をつけて遊んでください。お好きなだけ。好きな人ができるまで。好きな人ができて叶わなくても、それはそういうもんですよ。若い時にそういう恋愛をいっぱいしてください。

お琴　そうだと思います。私、逆に言うと、これ別に沼り散らかしてもいいなと思ってて。

ルナ　え、思う！　うちもそう思う！

※3　ベッドの上での会話を信じるのは……「基本ダメ！　〝付き合おう〟って言われても、次の日に改めてベッド外で言わないような人はあかん」（ルナ）

※4　ピルとは、女性ホルモンを配合した薬のこと。避妊を目的とする場合、低用量ピルを服用する場合が多い。また、月経の際に起こる下腹部痛や腰痛、月経前の精神的、身体的不調の治療にも用いられる。100％の避妊効果があるわけではなく、性病の危険もあるため、ピルを服用しているからといってコンドームが不要なわけではない。

お琴　2人目なわけじゃん。で、沼ってこの恋愛、正直いい未来は見えないと思うのね。先に言ってしまうんだけど、終わりがある恋愛だなとは思うんだけども、**沼った恋愛を経て自分がレベルアップする**から、これ別に沼り散らかしても、若い時っていうのはいいんじゃないかな〜みたいな。

ルナ　自分がレベルアップするし、自分に合った男性を見る目がちゃんとついてくるから。大丈夫です。終わりのある恋愛だけれども、今はその人こそ運命と思って。

お琴　そうそうそう。どうぞ、沼ってください！

ルナがワンナイトの相手に沼らない理由

お琴　最後の質問に答えましょうよ。お2人はワンナイトの相手に沼ったり、本気になったりしたことはありますか？

ルナ　私ね、ないんだよね。

お琴　ああ、わかる。

ルナ　ワンナイト相手にはワンナイトという認識でしかいられないんですよ。

お琴　なるほどね。じゃあ、ヤる前から、ないなって思って挑むってことだよね。

ルナ　好きな人はもうヤる前から沼ってるから関係ない。あんまりワンナイトとかで意思が変わることはどっちにもないかも。

お琴　なるほどね。うん。これ結構、私、微妙なところはありますね。

ルナ　そうですよね。心当たりアリですよね(笑)

お琴　心当たり、まあまあありますね。なんかね、**私は逆に、好きな人とはヤらないんですよ、絶対**※5。〝好きになるな〜〟とか、〝この人、彼氏になってほしいな〟みたいな気持ちがちょっとでもあったら、絶対に私、寝ないんですよ。

ルナ　ね、これ。そう。すごいよね。

お琴　ほんとに？(笑)　絶対に寝ないんですけど、逆にワンナイトっていうか、付き合う前にそういうことしちゃう人って、基本的に〝興味ないな〟とか、自分がこの人に対して〝好きという感情ないな〟っていうときにヤるんですけど、そのままそれで終わる場合もあれば、私、沼るときもありますね、はい(笑)　それでちょっとめちゃめちゃ相性がよかったりとかすると沼ったことありますね、過去に※6。

※5　「今でも〝好きになりそうだな〟〝付き合いたいな〟って人とは寝ないです」(お琴)

※6　沼ったお琴はどうなるかというと……「仕事も手につかないくらい四六時中その人のこと考えるようになっちゃいます(笑)」(お琴)

ルナ　それ、突き進むしかやっぱないんだよね。**終わりを見るまで突き進むしか抜け出せない。**
お琴　そうです！
ルナ　沼っていうのはそういうものですよ。
お琴　間違いないです！
ルナ　**楽しんで！　いいじゃん19歳！**

穴モテを卒業したい

#96 恋愛相談【穴モテ／インスタ親しい友達／浮気しない男はいるのか etc.】

相談

私は、ありがたいことに男女問わず〝かわいい〟とか〝モテそうだね〟と言われます。実際、男性からアプローチを受けることも少なくはないのですが、フタを開けてみればただの穴モテ※1ってことがほとんどです。以前は自分に自信が全くなかったので、嘘でも必要としてくれると喜んでしまい、ワンナイトなどを繰り返していたのですが、ある程度、年を重ねるうちに〝このままじゃダメだ〟と、ここ半年以上は誘われても全て断るようにしています。

それでも声を掛けてくれる男性のほとんどがそれ目的で、断ると次第に音信不通になってしまいます。きっと自分が軽く見えるんだろうなと思うのですが、穴モテを卒業して、〝モテ〟とは言わなくとも1人の女性として大切にしてもらえるには、何が必要だと思いますか？

※1　『穴モテ』とは〝穴〟で〝モテ〟ること。つまり、その人自体ではなく、身体目当てでアプローチしてくる男性が多い状態を意味する。

回答

ルナ　穴モテ女子！
お琴　え、めっちゃわかるよね！
ルナ　いや、わかるよ。思ったことあるもん。〝うわ、穴モテだ〜……〟って。
お琴　〝今、私の穴モテてる！〟
ルナ　てか、なんか、**みんなが穴に目がけて走ってくる(笑)**
お琴　どんな野生児と遊んでたんや(笑)
ルナ　でも、言いたいことはすごくわかります。
お琴　そう。言いたいことすごくわかるよね。

ルナ　なるほどね〜。これはどうよ、お琴。

お琴　これさ、うーん、**ほとんどの女性がこのお悩みを抱えている**ような気もする。

ルナ　だから、穴がある限り、そういう穴を目指して走る野生児は絶対に、ほぼ絶対的に現れると思う。

お琴　あー。どこにいても、どういう身なりをしていても。

ルナ　それは、別にミニスカをはこうが、もちろんミニスカはくほうが、タイトのほうが、そういう人は集まってくるよ。でも、それはロングスカートはいていても、変わりません！

お琴　そうそう！

ルナ　やっぱりそういう人は、穴があれば寄ります！

お琴　一定は、まあ、しょうがないですねっていう話ですよね。

ルナ　ただ、この場合はそれしか来ないと。

お琴　そう、それしか来ないと。でも、なんか私、すごいこれ読んで思ったのが、**自分がそういうレッテルを貼っちゃっている**んじゃないかなって思ったの。

ルナ　はいはい、

お琴　男性にアプローチを受けても、〝結局、穴目当てなんでしょ〟みたいなのが、ちょっと頭の中であるんじゃないかな、みたいな。そうするとさ、結局、〝この人どうせ、私の穴目当てなんだな〟って思った時点で、その人に対して興味がなくなっちゃうじゃん。

ルナ　シャットダウンしちゃうからね。

お琴　そうそう。で、そうするとさ、向こうのこともよく知ろうともしなくなっちゃうし、それが、だんだんコミュニケーションの歪みというか、向こうも向こうで、最初知ろうとしてたかもしれないけど、そういう態度をとることによって、〝なんか別に俺に興味なさそうだし、この子、別にヤれたらいいや〟ぐらいのテンションでくる。変わっちゃうかもしれない※2。

ルナ　間違いない。だから、まずシャットダウンしないこと。うん、これ1個目であるかも。

お琴　1個目、あると思う。

100%愛してくれる彼氏を見つける

ルナ　あと、あれだな。うわ、今言おうとしたこと忘れたかも〝あと〟って言った瞬間にパンって消えた(笑)

※2　これは『返報性の原理』といって、何かをしてもらった相手にはお返しをしたくなるという心理効果。敵意を向けられた場合にも同様のことが起こり、『敵意の返報性』という。女性側が男性に興味を失ったため、男性も自然と女性へ興味を失ってしまう。

お琴　頑張ってください（笑）フル回転させて！　思い出して、思い出して！
ルナ　あ、わかった！
お琴　お、はいはい、どうぞ。
ルナ　あのね、2個目のやつは、〝必要とされているから許しちゃいます〟っていうことがあったんだけど、**他己肯定感**※3**を求めるから、穴開示しちゃっているよね。**
お琴　あー……。
ルナ　だから、そこはやっぱりなんとかしないといけないところであって、それは自分にしかできないことだから。
お琴　はいはい。
ルナ　その価値っていうものを、それで満たしちゃいけないよね。それ、クセになっているから。私もそれで、必要とされているって思ったことあるけど、マジで虚しくなる一方だから、それって。
お琴　うわ。
ルナ　そう。でもこれはもうね、自分が一番わかっていると思うからよくって。〝どうやったら卒業できますか〟って言われたら、私の場合なんだけど、**めちゃくちゃ超尽くしてくれる彼氏を作る**こと。
お琴　へぇ〜。
ルナ　仮にすごい嫌なこと言うと、自分が100％相手を好きになれなくてもいいから、**自分のことを100％好きな人と1回付き合ってみて**、大事にされてみたら、〝あ、こんなに大事にしてくれる人がいるのに、あいつはそんなこともできないのか〟と。自分の価値を肯定できるようになるから、自分で。だから、愛されてみることもオススメする。
お琴　え、すごいいい回答！
ルナ　でしょ？
お琴　思い出してくれてありがとう。
ルナ　よかった！　あぶね〜!!（笑）

※3　他己肯定感とは自分は他の人から認められている、求められているという感覚のこと。

adultalk
4

特別対談その1

番組でおなじみの
元カレ登場！

『結婚したい乙女たちのアダルトーク』にもっとも多く登場した男性、
それはダスくんではなく。彼女たちの元カレ！　ディスられたり、ホメられたりと、
話題に上ること数知れず。そこでルナの直近のあの元カレと、
お琴の5年付き合ったあの元カレに、この本に出てほしいと
オファーしたところ……ドキドキの展開に！

ルナと別れて変わったこと

元カレK

32歳・O型・てんびん座・ルナとの交際期間は9か月
不動産、コンサル、飲食など複数社を経営しており、年収は6000万円。これまでの交際人数は7人。好きなタイプは、自分が落ち込んでいるときに支えてくれる女性。座右の銘は「かけた情は水に流し、受けた恩は石に刻む」

元カレK　最初、この話を聞いたとき、吊るし上げられるのかなって……。でも、詳細を知って〝あ、そういうことか〟って安心した(笑)

ルナ　でも、出てくれそうって思っていたよ。お琴も〝元カレKさんは出てくれるっしょ〟って。案の定、〝もちろん!〟って返事がきて。

元カレK　断る理由もないからね。

ルナ　そこは、いい意味で性格変わってないのかな。

元カレK　『アダルトーク』は、ルナと付き合っていたときから可能性がすごくあるなと思っていたし、ポッドキャストという市場自体が伸びていくと思っていて。かつ、内容も面白かったし、それを**応援することに関しては、ウェルカム**というか。もちろん、こうして出ることにリスクはあるけど、そのリスクぐらい乗り越えられないと(笑)

ルナ　ヒュ〜!

元カレK　今、お付き合いしている彼女がいて、それを考えると、出ないほうがいいはずで。逆の立場だったら、読みたくないし、それでも気になって読んじゃって〝イヤだ〟ってなると思うんだよね。でもそれは、僕の問題だから。ルナの仕事の部分は今でも応援しているので、快諾しました。

番組はコッソリ聴いていた

元カレK　実は、付き合っていたとき、『アダルトーク』は結構聴いていたよ。
ルナ　そうなの⁉　〝聴いてない〟って言ってたよね⁉
元カレK　全部ではないけど、たまに〝面白そうだな〟と思ったやつを、ルナがいないときに皿洗いとかしながら聴いていた。
ルナ　へぇー。
元カレK　今は聴いてないけどね。
ルナ　聴かなくていい……。
元カレK　ディスられてるようだったら、最近のやつも1つぐらい聴いてみようかな（笑）
ルナ　聴かなくていいよ（笑）　当時聴いてたこと、まったく知らなかった……。
元カレK　そうだっけ。
ルナ　うん。
元カレK　たぶん、言ってなかったのは、当時の彼氏である僕のことを、**褒めることもディスることもできたほうがコンテンツの幅が広がる**と思ったからかな。僕が〝聴いているよ〟って言ったら、ディスりにくいだろうし、その表現の自由を奪うのはよくないなと思って。
ルナ　『アダルトーク』に対しての器の大きさには本当に助けられました。

初デートでガチ寝しても

元カレK　僕ら、アプリで出会ったんだよね。
ルナ　そうだね。
元カレK　以前は、出会いのアプリには〝騙される〟というイメージがあって。サクラしかいなかったり、無料って謳っているのにお金がかかったり……。そういうことを、先輩たちが結構やっていて（笑）　でも、友達に〝独身続けてないで、やったほうがいいですよ。今は審査制のアプリがあって……〟と、教えてもらって、そこで、3〜4人に会ったのかな。

ルナ　私も5人くらい会った気がする。

元カレK　たしか、そのアプリで1回目か2回目で会った人がルナだったんだよね。

ルナ　**寿司屋でめっちゃ高額なお会計**をしていたことだけは覚えてる(笑)

元カレK　あのとき、僕が遅れて行ったんだっけ。

ルナ　いや、私がめっちゃ遅れた。

元カレK　**すっごい黒い人が来た**の、覚えている(笑)

ルナ　そのとき日焼けしてたから(笑)

元カレK　今よりももっと、肌がボロボロで。

ルナ　そう！　皮がボロボロ剥けてて、そのまま行った(笑)　その日、やる気がなくて、ドタキャンしようと思ってて。ギリギリまで迷って〝うーん、まぁ行くか……〟って遅刻して行って、結局付き合ったね(笑)　懐かしい。

元カレK　第一印象からいいなとは思っていたよ。寿司屋さんの大将が父親みたいに仲いい人で、その人とも仲よくしてくれたし、2軒目も僕が仲のいいお店に行ったら、**すぐにみんなと打ち解けて。社交性のある人**だなと思った。

ルナ　でも、その2軒目で寝てたよね？

元カレK　今でもそうで、酔うとすぐ寝るから。それも1〜2時間とか、がっつり。起きると一緒にいる女性

はだいたい帰っちゃってて……。

ルナ　そりゃ、まず初デートで寝ないもん。

元カレK　その日も〃帰っただろうな〃と思っていたら、お店の人と仲よく飲んで待っててくれていたよね。それが**〃今までの女性とちょっと違うかもな〃**って。

ルナ　お店の人が〃この人は毎回寝るの〃って教えてくれて。みんな本当にいい人だったから、それはそれで楽しくて。

元カレK　そこから、付き合うまでに何回か飲みに行ったよね。

ルナ　お互い飲みが好きだったから、飲み会が終わった後に〃合流して飲もうよ〃っていうのが何回か続いて。

元カレK　そうだね。

胃袋をつかんだパスタ

ルナ　今でも覚えてるのは、そうやって会っていたころに、〃手料理を作ってくれ〃って言われて。

元カレK　あぁ、あったかも。

ルナ　〃なんか作ってみて〃くらいの感じで。**私、料理できないのに、できるみたいに言っていた**から〃ヤバい！〃と思って（笑）家でめちゃくちゃ何回も練習したの。

元カレK　ハンバーグだったよね。

ルナ　ハンバーグとオムライスみたいなやつ。

元カレK　お子さまプレートみたいなね。

ルナ　大人のお子さまプレートを作って。で、合鍵をもらいました。

元カレK　でも、味は……まぁ、あの……。

ルナ　すぐ言えばいいじゃん！

元カレK　まぁ、頑張ったんだろうなって……。

ルナ　はい。頑張りました。

元カレK　料理といえば、あれなんだっけな。パスタ。なんか、カルボナーラみたいな……。

ルナ　カルボナーラめっちゃ作ってた！

元カレK　いや、カルボナーラ……あの……カルボナーラじゃないのかな、あれは……。

ルナ　いや、カルボナーラだったよ、作ったのは。

元カレK　なんか……、すごいヤバかったやつ。

ルナ　ラーメンみたいなやつでしょ(笑)

元カレK　**ちょっとまずかった。**

ルナ　〝ちょっと〟で済むならいいよ(笑)

元カレK　それを食べてから〝あ、料理は僕がやろう〟と思った(笑)

ルナ　料理、めっちゃおいしいもんね！　だから、ずっと作ってもらってた。

元カレK　料理人になるのが子どものころの夢だったからね。

ルナ　夢を叶えてやりました(笑)　パスタ、マジでおいしくて！　今までの人生で食べたパスタの中でたぶんいちばんおいしかった。

元カレK　それは嬉しいね。

ルナ　だから、別れた後に〝あのパスタ、もう食べられないのか！〟ってめちゃくちゃ後悔したの(笑)　〝胃袋をつかむ〟ってこういうことなんだなって。

最大の喧嘩は……言えない

元カレK　**喧嘩もめちゃくちゃした**よね。今まで、お付き合いした中で、史上最高回数だと思う。

ルナ　これを超えることはないぐらい。小さい喧嘩も大きい喧嘩もたくさんあったね。

元カレK　小さいことだと、洗面所の蛇口の向きとか。ルナが掃除とかで蛇口を引き出して戻すときに15度ぐらいズレて傾いているから、次に水を出すと斜めに出て、まっすぐに戻すっていうのが10回くらい続いて〝毎回、ちょっとズレてる〟って。

ルナ　私は、そういうことは全然気にしないタイプだから、言われても〝へぇ、そういう人もいるんだ〟って思って。逆に私は、付き合う前からわかってたことではあるけど、**どこでも寝ることに怒ってた。**寝たまま目を瞑って歩いてる彼に向かって〝目開けてよ！〟って。

元カレK　後から動画を見せられて〝ほら！　歩きながら寝てるでしょ〟って言われて〝ほんとだ。すごいね！〟みたいな。

ルナ　最大の喧嘩は、本当に最大すぎて言えないやつだね(笑)

元カレK　反省しているのは、連絡をあまりしていなかったこと。今は改善して〝そんなことまで教えてくれなくていいよ〟と言われるくらい。〝今日は誰とどこのお店で何時から会食だよ。その後は2次会でここに行くから〟まで話している。

ルナ　すごっ！

元カレK　もちろん帰るときにも連絡するし、飲んでいる最中は360度動画を撮って〝こんな感じのメンバーで飲んでいるよ〟と送って。

ルナ　当時、普通のLINEはまめだったけど、飲みに入るとね……。そのことをずっと言ってた。でも、**気にしてたんだってちょっとビックリ**した(笑)

元カレK　今の彼女に言われたことで、すごい印象的なことがあるんだよね。

ルナ　うんうん。

元カレK　〝連絡まめだよね〟って言われて、〝今までの彼女に感謝だね〟とも。

ルナ　おぉ。

元カレK　改めてルナにも感謝した。今までの恋愛の積み重ねがあって、今が形成されているんだなと思うと、**あの喧嘩もよかったのかって……。**

ルナ　私が反省しているのは、気になることとか不安を一気にバーって言って、そのままどう機嫌を直したらいいかわからなくて……みたいになっていたことかな。今は、きちんと〝こうしてほしい〟と伝えて話し合うようになった。
元カレK　結構、衝動的だったもんね。
ルナ　ファーって言う感じ。
元カレK　**〝こんな大きなサイズあるんだ〟というくらい大きいキャリーケースに服を大量に詰めて〝もう出ていく！〟**みたいなことが何回かあって。引き止めるときもあれば〝もういいよ〟っていうことも……。
ルナ　そのときは、本当に〝もう別れてやる！〟って感じで、でっかいキャリーケースを……（笑）
元カレK　そういうところは、直してほしいって思ってた。

あの〝疑惑〟の真相は……

ルナ　私は、**心配になるような女性と飲むことは直してほしかったよ。**
元カレK　あぁー……。うん、あったね。
ルナ　一応、誰と飲んでくるっていうのは伝えてくれていたけど、そこから連絡が減っていくと心配で、帰りが遅くなることもあるので〝どういうこと!?〟みたいな感じになって。
元カレK　たしかによく言われていた。
ルナ　ちょっと怪しい子がいたんですよ！（笑）
元カレK　その自覚はありますけど……。僕からすると普通に友達だけど、傍からから見たら不安にはなるのもわかる。たしかに朝まで飲んだことも何回かあったし。でも、体の

関係は本当になかった！　その子とは今でも何人かで飲むし、別れてから今の彼女ができるまでの間に何人かで旅行も行ったけど、**今まで一回もない。**

ルナ　ふぅ～ん。

元カレK　**本音を言うと、したいなと思ったことは何回かある**けど、お互いめちゃくちゃ飲むので、タイミングが合わないんだよね。何もないまま4年ぐらい一緒に飲んでいるから、もう今更っていうのがあって。本当に、ただの友達。なんなら、その子の証言も取るよ(笑)

ルナ　じゃあ、ホテルの件は？　レシートを見つけたときは〝証拠だ！〟と思ったけど、誰といたとかいつまでいたとかがわからないから……。

元カレK　あれもシロ！　ラブホじゃなくて、レジデンスの上にあるようなホテルに泊まりはしたけど……何もない。

ルナ　めちゃくちゃ怪しい！

元カレK　ほんとに何にもない。なんなら、これ言うともうグレーというか、ほぼ黒になっちゃうけど、**したかったよ、本当は。だけど、すぐ寝ちゃっていた。**

ルナ　ということは、心は揺らいでいたんでしょ？

元カレK　揺らいではいたかもしれない。でも、心で判断するのか、体で判断するのか……。〝浮気〟っていうくらいだから、心が揺らいだらダメなんだろうけど……。

ルナ　今日は会えてよかったです！　ありがとうございます！

※この対談は8月29日に行われました。発言はその時点でのものになります。

お琴の元カレ（5年間付き合った）は
「遠慮させてほしい」

打ち合わせの中で生まれたこの元カレ対談企画。楽しみにしていたのは、別れてから3年間、一度も会っていないというお琴の方でした。だけど、結果は残念ながら……。元カレに取材協力のLINEを送り、その返信を待ちながら番組収録をしており、そこでは「今ね、私たちね、めちゃめちゃドキドキしているんですよ、まるで告白の返事を待つかのように」とまで話していました（23年8月8日配信の#251冒頭部分をお聴きください）。

こちらが、お断りのLINEとなります。

（※もちろん元カレの許可を得て、掲載しています）

7/26(水)

久しぶり！突然の連絡ごめんね

ご存知だと思いますが、いま「結婚したい乙女たちのアダルトーク」というPodcastをやっていて、そこそこに人気なので(笑)12月に本を出版することになりました！笑

その一つの企画として、お琴の元カレ対談企画があって、私がどういう人間かとか、なんかもろもろ話すページがあるんだけど私の元カレとして取材の協力してもらえないですか？
(もちろん顔とか名前とか個人情報は伏せます)

3年ぶりの連絡でこんな感じなの大変恐縮なんですが、前向きにご検討いただけると幸いです....

7月中にご返信いただけると助かります！
宜しくお願いします

既読
18:30

久しぶり！笑
すごい人気だって友達から聞いてるよ〜！

頑張っている中、ほんとに申し訳ないんだけど諸般の事情で遠慮させてほしい、、、
協力したいのは山々ですが、ご容赦ください

活動は陰ながら応援してます！がんばって！

19:08

既読
19:22

そっか わかりました！
ありがとう

特別対談その2

adultalk 5

元カレと『おとあだ』未来

元カレとの再会を経て何を思ったかを2人で語ろうと設定したこの対談。
残念ながらお琴は叶わずだったけど、その思いも含めて、振り返ってもらいました。
そして、話は『アダルトーク』の未来へと向かっていき……。
これからの2人にますます注目です！

顔出しを決意したのは活動の幅を広げるため。目標を達成するまで「結婚しません！」(お琴だけ)

失意のお琴……会えていたら聞きたかったコト

ルナ　会えなかったね、元カレ。

お琴　そう、LINEの返信きたとき。一緒にいたよね。『アダルトーク』の収録を一回止めてさ(笑)

ルナ　２人でさ、お互いに元カレからの返事を待っていたよね。だから、私の携帯も気にしてたじゃん、結構ずっと。

お琴　気にしてた。

ルナ　で、自分の携帯もずっと気にしていて。ちゃんと収録を止めて、がっつり落ち込むのは珍しいから、結構〝ガチ〟だと思って。

お琴　あの日、マジで落ち込んだ。

ルナ　知ってる。

お琴　別れたとき、彼からの最後のLINEが〝落ち着いたらまた連絡させてほしい〟みたいな感じだったのね。だから、またいつか会える日が来るんだろうなって、どこかで思っていたの。でも今回、対談をお願いして、しっかりお断りをされて、〝これで会わなかったら、もう会うことないんだろうな〟って思っちゃったのね。

ルナ　うん。
お琴　この機会を逃したら〝じゃあ一緒にご飯行こう〟とか、絶対ないじゃん。
ルナ　変な話、お互いに死んでも知らないってことだよ。
お琴　そう、別に未練があるわけではないけど、それが切なかった。〝もうこの人と会うことはないんだな〟っていうのがわかっちゃったから。
ルナ　イスに座って、それをずっと言ってたよね。〝ショック。ほんとにショック……〟って。
お琴　ほんとにショックだったの！　まあでも、1日寝たら忘れたけど。
ルナ　本来は会えるとか会いたいって思う相手ではないじゃん。今回たまたまさ……。
お琴　〝会えるかも〟みたいな、ちょっと期待がね。
ルナ　もし会えたら何を話そうと思ってた？　聞きたかったこととか。
お琴　「マッチングアプリで浮気していたんですか？」って聞きたかった(笑)
ルナ　やっぱりそこなんだ。
お琴　真相が聞きたかった。あとは……うーん、なんだろう。そんなもんかな。でも、シンプルに今、何してるかも知らないから、どういう環境で、何を頑張っているのかとか、そういうことも知りたいかも。
ルナ　なるほどね。普通に喋りたいってことね。それはわかる。
お琴　別れてから、私の環境も変わっているし、そういうことを話したいって思ってたし、彼の近況も聞きたいっていうのがあった。
ルナ　たしかお琴の元カレ、マッチングアプリで出会った子に〝元カノは『アダルトーク』のお琴で……〟って言ってたんでしょ⁉　だったら、たぶん今の活動を知っているわけじゃん。ちょっとズルくない？
お琴　向こうはわかるもんね。
ルナ　彼氏がいないとかがわかるわけで。だから会う必要を感じていなかったかもしれないよ。
お琴　じゃあ、私、めっちゃ損しているね！(笑)
ルナ　そうかも(笑)
お琴　もしも元カレがこういうポッドキャストやってたら聴くもんね。
ルナ　あ、聴くね。自分の話が出ないか聴く。

お琴 めっちゃ聴くわ!

ルナ 聴く、聴く。

お琴 まぁ、会えなかったけど、今は〝それはそれだな〟っていう気持ちかな。いい思い出として、ちゃんと終わったなって感じ。

ルナ じゃあ、これでいい恋できるかも(笑)

お琴 笑いながら適当なこと言うなよ(笑)

ルナ だって私、その元カレを見たことないんだもん! 話しか知らないから、あんまり言うことがない(笑)

お琴 そうだよね、見たことないもんね。

ルナ めちゃくちゃ見たかったけどね。

お琴 見せたかった!

ルナ 今、お琴は仕事脳だけど、会ったら変わるかもしれなかったわけじゃん。

お琴 あぁ……。

ルナ 人を好きになる気持ちを取り戻せていたかと思うと、残念です(笑)

お琴 今の私に足りないのがそれ。好きになる気持ちがわからない。

ルナの元カレは「別な人と別な場所で」

お琴 まだルナが元カレと会った話を何も聞いてないやん。

ルナ 言ってないね。

お琴 「対談が今、終わったよ」っていう報告だけLINEでもらって。

ルナ それしか言ってない。

お琴 どうだった?

ルナ えーっと……、〝彼〟だったんだよね。そんな気はしてたの。インスタのストーリーはお互いに見ているから、ある程度はどういう生活をしているのかは知っていて。

お琴 うん。

ルナ で、彼に会って〝いい意味でも悪い意味でも変わってない〟って思った。

お琴 おぉ〜。

ルナ まず彼が来たときに〃なんかちょっとボケっとしてんな〃と思ったの。そしたら、〃朝まで飲んでた〃と。

お琴 対談、何時からだったの？

ルナ お昼くらいだけど、〃朝までさ……〃みたいな感じで来たから〃変わってないな〃って思って。

お琴 変わってないね！

ルナ 〃あぁ……〃ってちょっと思っちゃったのね。

お琴 うん。

ルナ いい意味で変わっていない部分もあって。彼も言っていたけど、2人ともめっちゃ日焼けしていたの。お互いに季節ごとのアクティビティをめちゃくちゃするから、夏って2人とも焼けやすいのね。たぶん、別れた後も別の人と別の場所で同じような行動をしていたんだと思う。

お琴 はいはい。

ルナ それはそれで、考えさせられたというか。面白いなって。人って、やる行動は変わらないなって思った。

お琴 たしかに！

今カノは逆のタイプで、それは私も

ルナ 今、彼女いるんだって。

お琴 あ、いるんだ。

ルナ ストーリーに載っているから知っていたけど。

お琴 あ、あの子？

ルナ じゃない子。でも、1回だけ見たことがあって、そのときに〃私と逆のタイプだなって〃思ったの。

お琴 黒髪清楚？

ルナ そういう感じではないけど、どちらかというと、ふわっとしてる系。で、私の今カレも、元カレとちょっと違うタイプだから、やっぱり〃人は反省をバネにして次へ進むのか〃っていうか。

お琴 次に活かすんだ(笑)

ルナ それだけ当時が喧嘩も多くて激しかったから、お互い、優しさとか安らぎを求めに行っていて、〃めっちゃわかる！〟って思った。

お琴 なるほどね。でも、一応、元カレなわけじゃん。新しい彼女がいることに対して、何の感情も湧かないの？

ルナ 何の感情も湧かないっていうか、私、その子のこと知っているから。しかも、フラれてから初めて彼と会ったときに、同じバーにいた子なの。

お琴 はいはい。

ルナ そのときに〝ん？〟って思ってたから、〝やっぱりあの子だよね〟とは思ったけど、落ち込む感じではない。そこってたぶん、今、自分にも彼氏がいるからかもしれない。

お琴 なるほどね。

ルナ 彼と話してて、2つ思ったことがあって。当時、喧嘩が激しかったから、うちらはそういう相性だったと思うのね。だから、別れてお互いに新しい人と付き合っているのはめちゃくちゃ正解だなっていうのを再確認した。

元カレがついたやさしい嘘

ルナ あとは、『アダルトーク』に対しての、器がやっぱでかい！　〝こういうところ好きだった〟って思った。

お琴 たとえば？

ルナ まず、今カノがいるわけじゃん。なら、元カノとの対談って嫌だと思うんだ。

お琴 嫌だ！

ルナ 彼も〝たぶん今カノのことを思ったら、この対談に出ないことが正解だったと思うけど、（ルナの）仕事はすごく応援したい〟って言ってくれて。あと、〝いいことだけじゃなくて悪いところも話せるほうが『アダルトーク』がいいコンテンツになると思うから、俺のことはなんでも話していいよ〟って言っていて。そこには改めて感謝したいなって思った。やっぱり、そこに関しては器がでかいわ。

お琴 へぇ～。器でかいね！

ルナ 当時も、聴いてないフリをしていたらしくて。

お琴 えっ⁉　聴いていたの⁉

ルナ めっちゃびっくりした。家事をしながら聴いていたらしくて。彼、ずっと〝聴いてない〟って言っていたのに。
お琴 言ってた！　ずっと言っていたよね！
ルナ それもたぶん、私がなんでも話せるようにっていう気遣いなんだよね。当時はそれが当たり前だと思っていたけど。
お琴 だいぶ寛容だよ～！

疑惑は〝黒〟に近づいた

ルナ だから、それは本当に感謝しなきゃいけないことだけど！　うちは1コだけ、許さないよ。
お琴 なんだ、なんだ。
ルナ 最後のほうに〝領収書事件〟の話になって、うちがずっと言ってた女の子について掘った時間があったんだよ。で、そのときに彼が、〝たしかに欲はあったけど、本当に何もなかった〟って言ってたの。
お琴 うん。
ルナ それを聞いて内心、〝ちょっと待てよ、お前。当時と言ってること違うんだよ。すでに〟と思って！
お琴 えっ、何？
ルナ ホテルの領収書が出てきたときに、当時は「本当にその子とは泊まってなくて、その子は別のホテルに泊めさせて……」みたいな話をしてたんだよ。
お琴 そうだった。
ルナ でも、この前は「一緒に泊まった」っていう話になっていて。「でもヤってない」って言っていて。関係はなかったという線は守ったけど、〝その1歩手前でミスってるんよ！〟と思って(笑)〝時間経ったからどう説明したのか忘れちゃったよね～〟って思いながら。
お琴 待って、めっちゃおもろいやん(笑)　それ、黒やん！
ルナ 最後の線は認めないんだなって思った。
お琴 あー。
ルナ 別れて、各々にパートナーがいて、もう言ってもいいのに、〝そこは言わないもんなんだな、人って〟。
お琴 でも、それ彼には言ってないでしょ？

ルナ　言ってない。
お琴　流したってことだよね？
ルナ　〝そういうことに一旦しておくか〟って(笑)

大恋愛はアップデートできる

ルナ　あと、気になったことが1つあって。私、フラれたばかりのころ、めっちゃ好きだったじゃん。その後、忘れようとしてLINEはブロックして削除したの。だから、一切連絡がもうできない状態だったのね。インスタも一度、フォローを外していたから。
お琴　うん。
ルナ　その間に、たぶん飲みに誘われてたんよ。だから、あのときLINEをブロ削(ブロック&削除　以下同)してなかったら、その後どういう関係になってたんだろうって思った。
お琴　あー。
ルナ　セフレになっていたのか、どうなんだろうと思って。
お琴　でも別れてからヤってないでしょ？
ルナ　ヤってない。
お琴　飲み友になっていたんじゃない？
ルナ　あぁ、そんな気がするね。
お琴　でもさ、別れてからご飯に行ってたよね？
ルナ　2回だけね。
お琴　頻繁に会ったり、軽く飲みに誘ってくる関係ではないんだ。
ルナ　じゃない。結構そこは慎重だった。今もそうだけど、インスタのDMでしかやりとりしてないし。LINEも削除したまま。
お琴　なるほどね。不思議。
ルナ　うん、不思議。
お琴　逆に私、今まで1回もブロ削したことない。

ルナ　私も初めてかも。

お琴　あ、初めてなんだ！

ルナ　そう！　超好きだったから〝引きずっちゃう！〟って思ってブロ削した。

お琴　ブロ削って、ほんとに連絡取れなくなるもんね。

ルナ　そう。

お琴　ブロックはあるけど、削除まではしたことないな。

ルナ　でもね、しないほうがいいと思う。緊急で連絡したいときにマジでできないし。向こうの家に大事な物を置きっぱなしにしていたとか。

お琴　なるほどね。今まで、ブロ削したのはその人だけなんだよね？

ルナ　そうだね。

お琴　じゃあもう、めっちゃ好きだったんだね。

ルナ　好きだった。好きだったけど、やっぱあれだよ、この恋愛を超える……。

お琴　この恋愛を超える……。毎回うちら、これ言えないよね(笑)

ルナ　この恋愛を超える恋愛は？

お琴　ないは気のせい？

ルナ　みたいなのあるじゃないですか。ステッカーにもしてるやつ。あれは間違いないって思った。

お琴　あ、今、超えているってことか。

ルナ　超えているし、なんなら薄れる。大恋愛っていうものは薄れます！

お琴　アップデートされるってことね。

ルナ　時間が経っても保存するのは、意外とできないと思う。結婚とかだったら変わると思うけど、そうじゃない限りはいけます。だから、みんな安心してって思っちゃった。

お琴　アプデできるってことね。大恋愛はアップデートできる。

50代のバリキャリ姉妹がきっかけで

お琴　今、結構ガチでちゃんと彼氏作ろうと思ってるの。

ルナ　うん。知ってる(笑)

お琴　〝それ何回目?〟ってルナが言いたくなる気持ちもわかるよ。けど! 本当に今、彼氏を作ろうと思ってて。っていうのは、占いに行ってきたら本当にそれしか言われなかったの。〝あなたは彼氏を作りなさい〟って。

ルナ　おー。はいはい。

お琴　でも、そのときはあんまり響かなかったの。

ルナ　わかんないしね、そんなこと言われても。

お琴　〝恋愛より仕事したいから、仕事のことをもっと言ってほしいのに〟って思っていたし、なんならそう言ったの。そしたら、それも怒られた(笑)

ルナ　〝そういうところ!〟って?

お琴　そうそう(笑) だけど、次の日に、50代くらいの女性で仕事をめちゃくちゃしてきて、自分でバリバリ経営しているような姉妹を知って。

ルナ　うん。

お琴　お金持ちで、自由気ままに遊んでいるような2人なんですけど、この2人は、姉妹で一緒に住んでるのね。だから、楽しそうだなって思えたんだけど、1人だったら寂しいんじゃないかなって思っちゃったの。

ルナ　そこなんだ。人数の問題?

お琴　そう! パートナーがいるからいい感じだけど、〝これ、1人だったら寂しいかも。私が目指しているところってここじゃない!〟って思っちゃって。

ルナ　おぉ。

お琴　だから、本当に恋愛をちゃんとしようと思って。占い師さんも、〝恋愛することによって人間性が高まって、仕事もうまくいきます〟みたいな言い方をしてくれていて。

ルナ　うまいね。

お琴　だから今、本当に彼氏欲しいと思っている。

ルナ　うちに言われてもね、困る(笑) 見つけてください(笑)

お琴　頑張ります。

性格が悪い人と出会いがちな理由

ルナ どういう人がいいの？　前の人と違うタイプの人がいい？

お琴 違うタイプの人がいい。

ルナ どういう？

お琴 え、なんか……真面目じゃない人。

ルナ どういうこと？

お琴 えー。難しいな。いや、すごいいい彼氏だったんだよ、元カレは。ちょっと悪口になっちゃうからどうしよう(笑) ほんとに完璧なの、すべてが。だけど、なんか性格が良くないっていうか……。

ルナ それ完璧って言わないんだけど！(笑)

お琴 なんていうの？　〝この人は私のことを好きだから優しい〟っていう感じなの。中にはどんな人に対しても対応が変わらない、全人類に優しい人っているじゃん。そういうタイプではない。

ルナ まぁ、言いたいことはわかる。

お琴 だから、全人類に優しい人がいい(笑)

ルナ 1コ言っていいですか？　前、何かのエピソードで〝私にだけ優しい人がいい〟って言ってたよ。

お琴 言ってたっけ。

ルナ うん。〝優しさがみんな同じだとわかりづらい〟っていう話をしてた(笑)

お琴 ヤバい！　それ、いつだろう？

ルナ さまよってるぞ(笑)　言いたいことはわかるけど。

お琴 そんなこと言っていたんだ(笑)　ま、なんて言うんだろう。優しいというか、性格がいい人がいい(笑)

ルナ まあね。最近、性格悪い人とめっちゃ出会ってるよね。

お琴 そう。性格悪い人と出会う。

ルナ あんまいないよ、逆に。

お琴 ダメだなって思ってる。性格が悪い人と出会うってことは、自分が性格悪いんだろうなって。

ルナ ストイックだよね！

お琴　だから、そうやって性格の悪い人ばっかり出会うってことは、私もそういう人なんだって思っちゃう。
ルナ　出会う人ってミラーリングだと思ってるのね。自分と同じレベルの人と出会うって思っているから。
お琴　そう。何かネガティブな事象があると全部、〝私が悪いだからだ〟みたいな。ストイックすぎる！
ルナ　私が？

恋人に求める唯一の絶対条件

お琴　『アダルトーク』を容認してくれる彼氏ってどういう人なんだろう。たいていは絶対に嫌がるじゃん。
ルナ　嫌だよね。自分だったら嫌だから。
お琴　だけど、今はもうこれを認めてくれる人じゃないと私はお付き合いできないから、狭くなるよね。
ルナ　そうなんだ。
お琴　え、だってどうすんの。〝私、彼氏できたからやめるね〟とか言ったらどうする？
ルナ　えっ、それはヤバいよ！
お琴　だから、ちゃんと認めてくれる人じゃないと付き合えないじゃん。
ルナ　『アダルトーク』をやること自体をね。彼氏のことを話すことがどうこうってよりかは。
お琴　でも〝俺のことを話さないで〟って言われたら、話すことがなくなっちゃうじゃん。
ルナ　そんな（笑）うちらさ、彼氏の話だけで生きてないから（笑）まあ、ちょっと絞られるよね。
お琴　だいぶつまんなくなっちゃうよ。遊べないし、彼氏の話も言えない。
ルナ　あぁ、そっか。
お琴　遊べないからそういう話もないじゃん。彼氏の話は言えないとするじゃん。そうなると、相当つまんないことになりますよ、これ（笑）
ルナ　たしかに（笑）彼氏探しがまた大変になってきた。ハードルが（笑）
お琴　でも、それはずっとそうかも。『アダルトーク』を始めてから探してる彼氏の条件としては、それが大きいかもしれない。だから最初に話しちゃう。
ルナ　って思うと、お琴の歴代の元カレと系統がめっちゃ違うよね。
お琴　そう。めっちゃ違うと思う。

ルナ　楽しみなんだけど、次の人。
お琴　てか、そうだ。
ルナ　え。
お琴　全然関係ない話をしていい？
ルナ　何？
お琴　中学のときの元カレが結婚した。
ルナ　どうでもよ！(笑)
お琴　歴代の元カレって言われて、今、思い出しちゃった。
ルナ　誰!?(笑)
お琴　中学のときの元カレが結婚して、大学のときの元カレも結婚した。
ルナ　うん、そんなもんだよ。
お琴　なんかちょっと切ない気持ちになるよねえ。
ルナ　それ、不思議なんだよね。私、元カレが結婚してもあんまり何も思わないから。
お琴　思わないの!?　え!?　あ、そう！
ルナ　〝やっぱこの年齢で結婚するよね〟くらい。
お琴　それが元カレと友達になる、ならないの差なのかも。だって、友達に対してはそういう感情だもん。
ルナ　たしかにそうかも。
お琴　ごめん、めっちゃ話を逸らしたわ(笑)

ついに顔出しをした理由

ルナ　今回、顔出しもしたけど、これ大丈夫かな(笑)正直、めちゃくちゃ怖くて。
お琴　まぁ、そうね。
ルナ　写真の加工ができないじゃないですか(笑)だから、もう逃げられないわけよ、嫌でも。
お琴　逃げらんないね。
ルナ　しかも写真が苦手なのね。加工できる写真は全然いいんだけど。

お琴　ずっと言っているよね。

ルナ　加工で背景がぐにゃんぐにゃんになっても、全然気にしない(笑)

お琴　1回、めちゃくちゃ、ぐにゃんにしたときあったよね(笑)　『おとあだ』で仮面舞踏会のイベントをしたときに、2人の写真をぐにゃんぐにゃんにしてLINEのアイコンにしてて〝それはまずいよ！〟って(笑)

ルナ　さすがにヤバいと思って、ちゃんと次の日にインスタのストーリーで〝すみません、加工しすぎました〟ってお詫びと再修正をした(笑)

お琴　その再修正した加工はちょうどよかったよね。しょっぱなの加工は、マジで〝誰!?〟みたいな(笑)

ルナ　だから、顔出しはすごいドキドキしちゃう。

お琴　たしかに怖いよね。

ルナ　みんなの反応がね。

お琴　ノーマルカメラだしね。

ルナ　しかもうちらのイメージって声とトークなわけじゃない。

お琴　そうだね。

ルナ　あと、よく言われるじゃない。イベントで、私とお琴の見た目のイメージが逆って。

お琴　言われる！

ルナ　それもどうなのか気になる。

お琴　〝逆なんだ〟って思うよね。

ルナ　ストーリーで、2人のイメージの似顔絵も募集してみたけど……。

お琴　あれ、ナイスだった。あれで、みんなからのイメージがわかった。

ルナ　だいたいみんな一緒だったよね！　見ながら〝わかる！〟って思った。

お琴　そのイメージがね。

ルナ　私が、金髪でまつ毛がバサっとした化粧が濃い感じで、お琴は、ほわっとした可愛らしいタイプの子。

お琴　そう。

ルナ　で、ボブとか多くなかった？

お琴　多かった。

ルナ　そういう意味で言うと、どうなんだ？　合ってんのかな。
お琴　え、合ってはないよ。
ルナ　合ってはないか(笑)
お琴　でも、ちょっと髪の毛暗くしようかなと思った。あれ見て。
ルナ　絵に寄せるタイプ!?(笑)　でもね、顔出ししたから今まで出られなかったところに、これからは出られるわけじゃないですか。
お琴　顔出しをした理由はそこだよね。活動の幅を広げるために顔出しをしたっていう。
ルナ　だから、広げさせて？(笑)　仕事をください！(笑)

『アダルトーク』の今後の野望

ルナ　そこも含めて今年、私たちは大きく今までと状況を変えたわけじゃない。『アダルトーク』を始めて3年経たないくらいで顔出しをして、どこに行くのっていう。
お琴　よく言ってるけど、いちばん目指すところは、ポッドキャスター界のトップ、ポッドキャスト界のヒカキン。
ルナ　ヒカキンさんには今の人気をちゃんと維持してもらわないと(笑)
お琴　たしかに(笑)あと、この前言ってたやつ。〝ポッドキャスター〟っていうものをさ……。
ルナ　私がお酒入れながら言ってたやつね。〝ポッドキャスター〟というものをみんな、まだ知らないじゃないですか。だから、どんな内容を発信しても、面白いも何もないと。
お琴　うん。
ルナ　『アダルトーク』以前にポッドキャスト自体が知られてないから、顔出しをしたことで目からでもいいから入ってもらって、1回ポッドキャストに足を踏み入れてほしい。私たちはその踏み台になりたい。
お琴　入口をね。
ルナ　入口はうちらが作る。
お琴　いいね。カッコいいじゃん。
ルナ　でも、うちらが言ってることって、結構スゴいことだと思うのよ。

お琴　知ってる(笑)

ルナ　なぜなら、ポッドキャスターの集まりで〝今そういうことをしようとしているのは、ポッドキャスト界に『アダルトーク』しかいませんよ〟って言われたから。ポッドキャストって、輪が大きくないからこそのアットホームなところに良さがあると。私たちがやろうとしていることって、その逆じゃん。

お琴　うん。

ルナ　新しいリスナーが入ってくると、悪いことをコメントに書く人もいるかもしれないし、いい印象を持たない人もたくさんいるかもしれない。でも、それを通過して人数を増やさないと、どれだけいいことを発信しても、聴いてくれる人は増えない。それに、本当にいいものを発信していれば、ちゃんとリスナーが残るってことを、うちらはこの2年半で学んだ。だから、3年目以降はそれを、うちらが筆頭にやる。なんか、ルフィーみたいじゃない!?(笑)

お琴　(爆笑)

ルナ　喋りながら〝結構すごいこと言ってんな〟って思った(笑)　でも、そういうことだよね。

お琴　その通り。こう見えて、ポッドキャストにかける思いは一致してるよね。

ルナ　〝お琴のほうが熱心そう〟というイメージはみんな持ってると思います。でも、それでよくて。頑張ってるところをわざわざ表に出す必要はなくて、見てほしいのはこのキャラクターなので。

お琴　志は2人ともしっかりあります。熱量は変わらない。

ルナ　それを見込んで、私をパートナーに選んだんでしょ?・(笑)　やりたいことを叶えるための計画はお琴がプレゼンしてくれたから、その年に向かって……。

お琴　そうだね。X年までに。

ルナ　それまでお琴は〝結婚しない〟と、おっしゃっていたので(笑)

お琴　そうだね、言ったね(笑)

ルナ　私は気にせずしちゃうかもしれないけど(笑)

お琴　結婚しても、『アダルトーク』は続けます。それはそれで面白いかなって。結婚生活を語れたりもするし、新しい『アダルトーク』として面白いんじゃないかなって。

ルナ　そのときには、今の私たちみたいな〝アダルトークJr.〟がいたらいいな、なんて(笑)　楽しみだね。

役立つ&沁みる&笑える
名言・迷言・驚言100

台本なし、打ち合わせなしで繰り広げられるライブ感溢れる2人のトークでときに飛び出す胸をつく言葉。それらがいかに生み出されたか、気になる名言・迷言・驚言が登場するエピソードを聞き直してみて！

1

LUNA

(東カレアプリについて)
審査あるしね、そう、
私落ちたことあるから
2回落ちましたから

#1

2

LUNA

時間をかければかけるほど、
その人のこと好きになるっていう
UFOキャッチャーみたいな

#1

3

OKOTO

(結婚の条件について)
俺、完食したよって言って
ご飯粒残っている
人が無理

#2

4

LUNA

年収は
努力の数字
なんだよね

#2

5

OKOTO

「男友達だと思ってたのに」は、
女からしか聞かないよね。
「女友達だと
思ってたのに」は
男性からは聞かない

#3

6

OKOTO

アラサーという
年齢になってさ、
ただ「好き」だけで
付き合えない

#4

7

LUNA

男ってさ、
ツッコむ
回数で
好きに
なるよね

#5

8 OKOTO

ディズニー言われたら勝ち
だと思っていい

#6

9 LUNA

頑固拒否

#6

10 OKOTO

女はさ、息を吸うように浮気をする

#7

11 OKOTO

非表示リスト見たほうがいいよ、
みんな

#7

12 OKOTO

好きな食べもの何?
これねダメ!
嫌いな食べ物ある?
これが正解

#9

13 LUNA

食べログの評価は女の評価

#9

14 OKOTO

男の人、左座って
女の人は左側のほうが
可愛いんよね

#9

15 OKOTO

「〇〇くん、浮気しなさそうだよね」は
訳すと、モテなさそう

#10

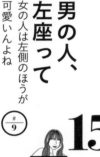

16
OKOTO

（ラブホで）部屋選びの
あの瞬間、気まずくない？
部屋の値段が
自分の値段みたいな

#10

17
OKOTO

この歳になるとさ、
キスより
手つなぐほうが
ハードル高い

#15

20
OKOTO

お酒は
女の味方、
ちょっと
隙を見せられる

#21

18
LUNA

ホントに好きかどうかの
判断基準のひとつとして、
相手の弱みとか
コンプレックスを
愛せたとき

#18

19
OKOTO

大人数で飲んでて
膝と膝が
当たったときの
あれ、エロくない？

#20

21
LUNA

女性って嘘と思って
嘘言っていないんよ。
本当だと思って言っている。
だからバレない

#23

22

LUNA

年上（女性）が好きなって人って
いくつになっても年上が好きだから
自分の年齢がいっても女として見てくれる

#25

23

OKOTO LUNA

女性の下着の全体像を見ろ！
見て、褒めろ！

#27

24

OKOTO

小さくても本乳

#28

25

LUNA

喘ぎ声はBGM

#31

26

LUNA

毛筆感っていうか
なんて言うの

OKOTO

喪失感

#36

27

LUNA

（元カレから連絡くるときって）
私のことが恋しいが
第一っていうより
自分がモテなくてだよ

#36

28

LUNA

束縛する男は浮気をする確率が高い

#39

29

LUNA

恋愛って絶対やっちゃいけないことがあって、

完全燃焼するまで別れちゃいけない

#39

31

OKOTO LUNA

言葉使い汚い女の子、全員ピュア説

#42

32

LUNA

「結婚しよう」じゃなくて、

「結婚してください」がいい！

#44

34

OKOTO

いつからさ、

足の速い男の子、モテなくなった？

#47

30

OKOTO

両方聞いたほうがいいよね、

彼女いる？いない？

じゃあ、**奥さんいる？いない？**

#41

33

OKOTO

ヤッたら負け。付き合えません

#46

35

LUNA

アダルトーク始めてさ、

失ったものも多い（笑）

#49

36

LUNA

匂わせは
女のいちばん醜い行為

#51

38

OKOTO

前の毛がある人と
ない人で
歳がわかる

#55

39

LUNA

（彼氏の部屋に置いてある）
メイク落としの
グラム数を量っておいて
チェックする

#55

41

LUNA

男性とご飯食べた後にさ、
無言で動き出すときって
絶対、家なんだよね

#62

37

LUNA

好きな人と
行ったら
どこでも
デート

#53

40

LUNA

その牡蠣が
あたっただけ

#61

42

LUNA

本命とは
あげまん

#66

43

OKOTO

「結婚を考えているから
今すぐ答え出せない」は
要注意

#69

44

LUNA

どうせ嘘をつくなら大盛りで

#72

45

LUNA

(性欲は)咳とかくしゃみみたいな感じ。突然出ちゃうの

#80

49

LUNA

小学生のときから決めてたから、恋愛に生きるって

#82

50

LUNA

好きになるまでの助走が長いのが大人

#82

46

LUNA

相当な変態であれ!

#80

47

LUNA

結婚は諦めと希望

#80

48

OKOTO

抱けなかった男は記憶に残ってる

#82

51

OKOTO

踏み込んで傷つく覚悟を持つってのが大事

#82

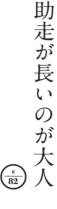

52

OKOTO

いい人だっただんだけど、
ハグしたときの匂いが違ってた

#84

53

LUNA

自分が一番幸せになるためには相手が自分を好きなことって絶対必須だと思うから。って思ったら失恋とかって相手が違うだけだからね。その恋がベストじゃなかった。

ベストは他の場所にある

#84

54

OKOTO

女ってどんな大恋愛でも忘れられるんよ

#88

55

OKOTO

自分もちゃんと努力しないと
永遠の恋もなくなってしまうんだなと

#88

56

LUNA

大恋愛の相手が必ずしも運命の相手とは限らない

#88

57

LUNA

大恋愛って別れたらほとんど戻んないから

#88

58

LUNA

ルーズリーフにさ、手紙書いて渡しに行くぐらい好きだった

#89

59

LUNA

女の子ってさ、恋をするとキレイになるじゃん、一緒にいるとキレイになる、失恋してもキレイになる。

ただ、キレイにならないのは、あまり恋をしていないとき。

#89

60

LUNA

抱き残しなんてないよ、全部抱いた

#91

61

OKOTO

男は自分のミラーリング

#91

62

OKOTO

浮気はエステ

#91

63

OKOTO

そこじゃない、ここ♡

#91

64

LUNA

傷つく覚悟のない人に愛される資格はない

#96

65

OKOTO

1セク3イキ

#98

66

OKOTO

この人となら幸せになれるって人と結婚するんじゃなくて

この人なら不幸になってもいいと思えるような相手と結婚する

#110

67

OKOTO

(LINEの)

未読を消さないタイプはモテる子が多い

#111

68

LUNA

(LINEの)

非表示はクロ

#111

69

ホストも人間、
ミッキーはネズミ

#112

70

漢（かん）のほうの
オトコだね（笑）

昔の男より絶対稼いでやる

#113

71

「好き」って
言うのは相手を
追いつめること

#114

75

脈ありですか、
脈なしですかと
考えているくらいなら、
自分の気持ちをしっかり伝えたほうがいい

#120

72

男の嫌いな言葉、
せーの「会食」！

#115

73

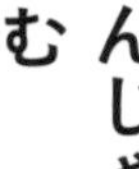

（喧嘩して仲直りしたいときは）
怒るんじゃなくて
悲しむ

#117

74

伝えなかった恋はなかった
ことになってしまう

#120

76

信じるより
疑わない

#137

77

LUNA

コスパはいいかもだけど、もっと大事なものを失っている

#141

78

LUNA

相手を褒めるときは「意外と」ってまず言う

#149

79

OKOTO　LUNA

大事な人にはさ、**ヨダレとかでびちょびちょになったタオルみたいな存在でいたい**

もっといい例えなかった？

#149

80

LUNA

マッチングアプリ、あれはライアーゲームだ

#152

81

OKOTO

キスってチャッカマンみたいな存在

#154

82

OKOTO

トイレで手を洗うじゃないですか。結構、髪の毛で手を拭かない？

#161

83

OKOTO

イケメンだと恋愛対象に見れなくなってきた。

ヤリ目みたいな……

#165

84

LUNA

グルメ大好き女子は仕事ができる社交的ビッチが多い

#165

85

OKOTO

大人になってワックス
がちがちに使っているヤツ、
だいたい野球部

LUNA

学生時代のワックスを
取り戻そうとしている
（偏見です）

#169

86

OKOTO

秘密基地
数日続く
セロトニン

#170

87

LUNA

私たちに
時間はないです

#176

88

OKOTO

イルミネーションって
好きじゃない人と見たら、
ただの電球の集まり（笑）

#177

89

OKOTO

（行為の最中に）
彼の指の匂いを
嗅ぎにいったことがある

#179

90

LUNA

ベッドの上で
行われたことは
優しさとは呼びません

#180

91

OKOTO

夜の営み、
上手いと
思った人数、
8％

#188

92

LUNA

女の人って
2か月あれば、
ヨユーで変わるから

#189

93

LUNA

やっちゃやった、
付き合いたいのに
やっちゃやった

#189

94

LUNA

（男性選びの）
ダメな条件を減らす
努力をしましょう

#192

95

LUNA

この歳になると
今までほど簡単に
付き合えないじゃん

#192

96

LUNA

イケメンじゃない奴は
疲れ切った
美女を狙え

#193

97

LUNA

振り回すと
なぜか人って
惹きつけ
られちゃう

#192

98

LUNA

どうでも
いい日に
めっちゃ盛れる

#196

99

LUNA

鏡の前で、
バックの体位のとき、どんなふうに
男性から見えているか確認する

#192

100

LUNA

別れる気がない女友達の
話は10分以降、
聞き流す

#196

『結婚したい乙女たちのアダルトーク』エピソード一覧

この本では1～200回までの配信を対象に紹介しています。
ほかにも、笑える＆ためになる＆しょーもない回があるから、聴いてみてね！

配信日	配信タイトル
#1 2021.2.20	マッチングアプリ(Tinder、東カレ、Pairs)の特徴と失敗談、テクニック
#2 2021.2.25	結婚観(年収、学歴、絶対条件)についてアラサー女子2人でアダルトーク
#3 2021.3.1	男友達は存在し得る？？男女の恋愛・下心感情一切無しはありえるのかアダルトーク！！！
#4 2021.3.4	彼氏もちにあって私達に無いモノものって⁉ 周りや昔の自分を想像しながら彼氏ができない理由を徹底解明！
#5 2021.3.7	モテる同性と異性ってなんであんなにモテるの！？？特徴をおさえて、男女別に具体的な応用テクを考えてみた！
#6 2021.3.9	脈ありサイン・脈なしサインを明確に！確実に勝ち確定のサインとは⁉男は○○女は○○だった⁉
#7 2021.3.12	実際にいた浮気男たち！！最低な元カレエピソード炸裂！浮気男のプロ技紹介！そして女もヤバかった⁉
#8 2021.3.15	理想の告白シチュエーション！フラれても逆転する⁉告白とプロポーズの正解って何⁉○○○で告白は嫌だ！！？
#9 2021.3.18	好きな女性を振り向かせるテクニック！脈なし・グレーゾーン卒業！昇格プランを考えてみた！
#10 2021.3.22	女の本音！「○○○○」の本当の意味は？数々のフレーズを本音に訳していく禁断の回
#11 2021.3.26	【SNSナルシスト全開の男／別れの理由】別れる理由は2つしかない⁉
#12 2021.3.28	こんな男はやめておけ‼クズ男は3Bだけじゃない！
#13 2021.4.2	胸キュンエピソード～実際にあった話～(※後半注意)
#14 2021.4.5	【神回】初ゲスト！マッチングアプリのプロによるテクニック＆聞く防災訓練　※男女必見
#15 2021.4.7	【刺激vs安定／幼馴染との恋愛アプローチ方法】
#16 2021.4.9	男心を知ろう！～チャラ男ver.～(セフレから本命／浮気が絶対バレない方法等…)
#17 2021.4.14	花束みたいな恋をした(※ネタバレ注意)
#18 2021.4.17	恋愛観～たった1人の運命の相手に出会うまで～

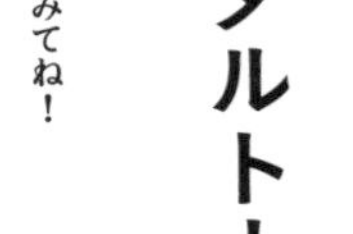

今は基本的には
毎週火曜・土曜の
19時に更新してます！
(ルナが忘れなければ～)

#19　2021.4.20　肉食vs草食　男女モテるのはどっち!?~タイプ別相性~

#20　2021.4.24　ボディータッチ~○○を触れば最強~

#21　2021.4.27　女性から男性をデートに誘うなら

#22　2021.5.1　興奮する!!男性からの夜の誘いかた

#23　2021.5.6　女が男に冷める瞬間~100年の恋も1分で終わる~

#24　2021.5.11　お琴とルナの恋愛事情【草食／逆転負け／歯ブラシ】

#25　2021.5.15　【金vs顔】【年下彼氏vs年上彼氏】どっちがいい!?ディベート大会第1回!!

#26　2021.5.18　女性が男性に言われたい言葉ランキング＋2人で考えてみた

#27　2021.5.22　【勝負下着／キス／ヤリ○ン特徴】アダルトーク!!

#28　2021.5.25　恋愛相談【ビール／恋愛依存／胸／金欠】

#29　2021.5.29　初エッチ

#30　2021.6.1　結婚願望を確かめる方法

#31　2021.6.12　夜の営みで理解してほしいこと(女のキモチ)

#32　2021.6.15　恋愛相談【プレゼント／女子の家／アプリの男】

#33　2021.6.19　ディベート【黒ゴリマッチョvs白ちょいポチャ／童貞vsヤリチン】

#34　2021.6.22　強引でもモテる男と嫌われる男との違い

#35　2021.6.26　遠距離恋愛

#36　2021.6.29　復縁

#37　2021.7.3　○○説　男女のアレは嘘!?

#38　2021.7.13　性病(イヤホン推奨)

#39　2021.7.17　束縛

#40　2021.7.20　思い出のラブソング

#41　2021.7.24　仮交際期間(付き合う寸前)

#42　2021.7.27　○○説(リスナーver.)

#43　2021.7.31　アダルトーーーク(夜の悩み)

#44　2021.8.3　理想のプロポーズ(爆笑妄想10連発!!)

#45　2021.8.7　許せない男の言動(＋女の言動)

#46　2021.8.10　やりたい男vs好きだからやらない女【ワンチャン女卒業】

#47　2021.8.14　学生時代の恋愛

#48　2021.8.17　ヤリチンの特徴(リスナーver.有)

#49　2021.8.28　マッチングアプリ(~ルナとお琴~)

#50　2021.8.31　恋の悩み5連発!!

#51　2021.9.4　デリカシー／包容力orイケメン／年上の女性／結婚後の異性関係

#52　2021.9.7　ナンパ♡

#53　2021.9.11　理想のデート(どこからデートだよっ)

#54　2021.9.14　ヤリマ○の特徴(リスナー発案ver.)

#55　2021.9.18　下の毛／公共の場でのイチャ…etc.(トークテーマリクエストに応えて)

#56　2021.9.21　夜の悩み(キス・前戯・遅漏早漏)※イヤホン推奨

#57　2021.9.25　元カノの存在

#58 2021.9.28 どっち派？（甘え方／腕枕／連絡頻度／追うか追われたいか）

#59 2021.10.2 恋愛相談【食事の誘い方／理想の夜の回数／飲み方／乳出てる系フォローする彼氏／結婚と両親の反対／本気の人と出会うなら】

#60 2021.10.5 「エロいな」と思う瞬間

#61 2021.10.9 マッチングアプリの恋愛相談コーナー

#62 2021.10.12 マッチングアプリの活動報告（ルナとお琴の恋愛事情２）

#63 2021.10.16 理想の結婚式

#64 2021.10.19 迷ったらコレを使え！？？「微妙な質問」解答集！！！

#65 2021.10.23 性行為中の疑問（この時どうしてる？）

#66 2021.10.26 〝本命〟と遊びの違い

#67 2021.10.30 恋愛相談【いい人止まり／仮彼氏／気持ちいいところをキープする】

#68 2021.11.2 男性に言えないけど実はしたい事！

#69 2021.11.6 〝ハマらせる男〟の特徴

#70 2021.11.9 クリスマスエピソード

#71 2021.11.13 体位当てゲーム

#72 2021.11.16 迷ったらコレを使え！微妙な質問解答集Part２（リスナーver.）

#73 2021.11.20 性行為中の疑問２（リスナーver.）

#74 2021.11.23 男性のココ凄くない⁉（男性感謝祭）

#75 2021.11.27 あげまんの特徴

#76 2021.11.30 恋愛相談【第６選】

#77 2021.12.4 ダスキン一問一答‼～謹慎処分明け～

#78 2021.12.7 セフレ（ダスキン参加）

#79 2021.12.11 浮気

#80 2021.12.14 性欲

#81 2021.12.18 出会いから結婚（～好きな人といる時、便はいつする～）

#82 2021.12.21 忘れられない恋～明日結婚しても未練はない？～

#83 2021.12.25 クリスマスSP～クリスマスで○○どっち派⁉～

#84 2021.12.28 『２０２１恋愛大反省会』

#85 2022.1.1 新春SP〝過去のアンケート結果〟

#86 2022.1.4 恋愛相談【脈なし相手の断り方で優しさはどっち⁉／マッチングアプリをやめない彼女／結婚と同棲】

#87 2022.1.8 ラブホあるある

#88 2022.1.11 大恋愛

#89 2022.1.15 失恋

#90 2022.1.18 恋愛相談【Hのコンディション／出たものを飲みたくない／結婚の焦り／妹のギター教室の先生が好きetc.】

#91 2022.1.22 男女に響く！名言集

#92 2022.1.25 いい男・いい女

#93 2022.1.29 恋人と長く続く方法～最初からそれ言えや～

#94 2022.2.1 あざとい男女

#95 2022.2.5 【バチェラーデート】お琴彼氏募集

#96 2022.2.8 恋愛相談【穴モテ／インスタ親しい友達／浮気しない男はいるのかetc.】

#97 2022.2.12 バレンタイン〜私がチョコ〜

#98 2022.2.15 夜のお悩み相談コーナー【人には聞けない話】

#99 2022.2.19 惚れてまうやろ〜!!

#100 2022.2.22 リスナーズ名言グランプリ【結果発表】

#101 2022.2.26 【実体験】SMラブホ&東京秘密基地

#102 2022.3.1 アダルトーーーーク！（夜の疑問）

#103 2022.3.5 お琴彼氏募集第2次審査〜通話〜

#104 2022.3.8 恋愛相談コーナー【5選】

#105 2022.3.12 恋愛テクニック【初級〜上級】

#106 2022.3.15 元カノの特定方法〜インスタグラム恋愛の闇〜

#107 2022.3.19 合コン【爆弾女／テクニック／ゲーム】

#108 2022.3.22 H中のセリフ・男性の喘ぎ声【本気で感じているときは逆に○○】

#109 2022.3.26 お琴彼氏募集最終面接〜最後の1人に選ばれた男の正体は!?〜

#110 2022.3.29 結婚〜30までにとうるさくて〜

#111 2022.4.2 LINE恋愛の闇〜新着メッセージ〜

#112 2022.4.5 恋愛相談【ホスト／女装／学歴／久しぶりの連絡／22歳に戻るなら】

#113 2022.4.9 私は○○な女〜ウーマナイザー貰っても喜び方わからん〜

#114 2022.4.12 セフレから本命になる方法〜実話アリ〜

#115 2022.4.16 信じられない男の言葉

#116 2022.4.19 東京で出会うならココ!!〜飲み歩きガイドマップ〜

#117 2022.4.23 リスナーズクエスチョンに一問一答してみた

#118 2022.4.26 私は○○な男／女〜リスナーズver.〜

#119 2022.4.30 ピュアな恋〜映画『バブル』を見て〜

#120 2022.5.3 告白

#121 2022.5.7 拗らせ男女〜○○コジコジ！アラサーの闇〜

#122 2022.5.10 結婚したい乙女たちのアダルトーク（夜の疑問）

#123 2022.5.14 本当に会った癖強!!男

#124 2022.5.17 恋愛相談【女遊び、整形、マッチングアプリ、年下イケメン】

#125 2022.5.21 嫉妬〜レベル3&4〜

#126 2022.5.24 コレってアリ!?なし!?（※後半イヤホン推奨）

#127 2022.5.28 失恋からの立ち直り方法〜答えは○○〜

#128 2022.5.31 コレってあり!?なし!?〜リスナーver.①〜イヤホン推奨

#129 2022.6.4 フェチ

#130 2022.6.7 コレってあり!?なし!?〜リスナーver.②〜イヤホン推奨

#131 2022.6.11 恋愛相談【ゼンリー／枕／ヒモ男を養う女／女の変化／ひやかし】

#132 2022.6.14 コレに嫉妬する!? しない!? リスナーver.（※地味にイヤホン推奨）

#133 2022.6.18 理想と現実とパンツ

#134 2022.6.21 本当に会った癖強男女！リスナーver.

#135 2022.6.25 本当にいたチャラ男（※最後に重大企画発表アリ）

#136 2022.6.28 初デートでコレに気をつけろ!!超初級編（＋ガヤ）

#137 2022.7.2 恋愛相談【好きなバナナ／逆プロポーズ／元カノ／整形／S〇X etc.】

#138 2022.7.5 理想の誕生日

#139 2022.7.9 ルナとお琴の！恋愛相談!!

#140 2022.7.12 【新企画】アダルトークのIPPONグランプリ

#141 2022.7.16 初デートでして欲しくないこと~リスナーver.~

#142 2022.7.19 マッチングアプリプロフィール添削~赤点先生~

#143 2022.7.23 リスナーIPPONチャレンジ~5・7・5~

#144 2022.7.26 一夏の恋~下駄と〇〇に気をつけろ~

#145 2022.7.30 ハプニングがあった旅行

#146 2022.8.2. バチェロレッテ2~男女の恋愛を紐解くやじ飛ばし~

#147 2022.8.6 性欲2~ルナ誕生日処女喪失~

#148 2022.8.9 性欲3~レスの悩み／相手の性欲を掻き立てるテクニック／ストリップショー~

#149 2022.8.13 男女に響く！誉め言葉

#150 2022.8.16 本当にあった怖い話~男女恋愛~

#151 2022.8.20 恋愛相談【男性のバッグ、浮気発見、親友の彼女が遊んでいる事を教えるべきかete.】

#152 2022.8.23 〇〇説~Part2~

#153 2022.8.27 初コラボ【佐々木亮の宇宙ばなし】に聞く〝最高な結婚〟

#154 2022.8.30 ディベート【完璧だけど女遊びする男vs一途で平凡な男性／一生キスなしvs一生アワビ舐めなし】

#155 2022.9.3 胸キュンエピソードPart2

#156 2022.9.6 単品キッス~行為の一環以外のソロキスがなかなか難しい件~

#157 2022.9.10 モテない男の特徴

#158 2022.9.13 ルナとお琴の恋愛事情3~男女の思わせぶりと勘違い問題を解決~

#159 2022.9.17 恋愛相談【送信取り消し／美魔女マダム／女友達と遊ぶ時の予約／甘えさせる方法etc.】

#160 2022.9.20 とんでもない女たち【結婚式／ハッキング／あざとい／婚約破棄／浮気】

#161 2022.9.24 理想のカップルはどっち!?~2択でジャッジ~

#162 2022.9.27 ルナ、別れた ~失恋~

#163 2022.10.1 アダルトークオリジナルトランプを使ってゲーム！

#164 2022.10.4 リスナーの最近の恋愛事情~ポッドキャストウィークエンドのアフタートーク~

#165 2022.10.8 拗らせ男女~リスナーver.~

#166 2022.10.11 女の裏側~男性が知らない本当の顔~

#167 2022.10.15 ルナを励ませ！傷心中の人に送る失恋ソングランキング~リスナーお勧めと第一位~

#168 2022.10.19 恋愛相談【ネット／好きアピール／復讐／好きなタイプ男版／恋バナ】

#169 2022.10.22 偏見祭り！！！兎に角、偏見しまくれ！！！！

#170 2022.10.25 女性用風俗【東京秘密基地】で3P⁉〜拘束／縄縛り〜

#171 2022.10.29 女の勘〜男のごまかしはなぜバレるのか・ルナ近況報告〜

#172 2022.11.1 肉食女子・草食女子の落とし方

#173 2022.11.5 恋愛相談【彼氏と憧れの先輩／男性の横流し／彼氏がお金で女性を／浮気と安定／親バレ／彼氏がいる利点】

#174 2022.11.8 抱かれたいのはどっち⁉〜究極の2択〜

#175 2022.11.12 フリーの心構え〜謳歌の仕方〜

#176 2022.11.15 結婚したい乙女たちへ

#177 2022.11.19 【妄想】冬のデート

#178 2022.11.22 【アダルト】夜のお悩み相談コーナー

#179 2022.11.26 【リスナー】男女の裏側〜本当の顔 リスナーver.〜

#180 2022.11.29 【恋愛相談】女磨き／脈アリ無／処女／マッチングアプリワンナイト／中の上

#181 2022.12.3 【企画モノ】モテるクイズ

#182 2022.12.6 【恋愛相談】クリスマスSP×恋愛相談【リスナーが選ぶ欲しいプレゼント】

#183 2022.12.10 【実話】今年出逢ったメンズたち〜恋愛大反省会番外編〜

#184 2022.12.13 【深い】名言集Part2

#185 2022.12.17 【アダルト】過ぎるお悩み相談コーナー①

#186 2022.12.20 【アダルト】過ぎるお悩み相談コーナー②

#187 2022.12.25 【アダルト】過ぎるお悩み相談コーナー③

#188 2022.12.27 年内ラスト‼恋愛相談コーナー

#189 2022.12.31 【まとめ】2022恋愛大反省会

#190 2023.1.3 2023新春SP！皆のノーマルはどっち⁉〜リスナーのアンケート回答〜

#191 2023.1.10 【First Love 初恋】※1ミリネタバレ有、観てなくてもOK

#192 2023.1.14 【反省】私に彼氏ができない理由

#193 2023.1.17 【恋愛相談】エロ垢男子／婚約指輪／都合の良い女／イケメンじゃなくても美女と付き合う方法／インスタを監視する彼氏

#194 2023.1.21 【フリートーク】女同士の友情〜恋愛アシスト。これは善か悪なのか〜

#195 2023.1.24 【2択】どっちがいい男⁉〜究極の選択〜

#196 2023.1.28 【共感】女あるある‼〜中々ないも含む笑笑〜

#197 2023.1.31 【妄想】男性に言われたいセリフ！〜ドラマ・マンガ・アダルトーク編〜

#198 2023.2.4 【学習】いい人止まりの男性の特徴

#199 2023.2.7 【リスナー】偏見祭り‼〜リスナーver.〜

#200 2023.2.11 【コラボ】人気YouTuber‼ シコい社長コラボ！いい女決定戦！！！

おわりに

『結婚したい乙女たちのアダルトーク』、元々は「アラサー」と呼ばれる私たちと同じ層の女性たちに向けて発信を始めました。

「アラサー」という言葉を聞いてみなさんはどんなイメージがありますか？

自分が「アラサー」と呼ばれる年齢になる前は、漠然と「アラサーになりたくない」となんとなくアラサーという響きに対してネガティブな感情を抱いていました。

しかし、実際に自分がこの年代になってみると、仕事も年数を重ねて楽しくなる時期であり、自分に使えるお金や時間も増え、想像以上に毎日が充実していることに気づきました。

もちろん、結婚や出産、これからのキャリアなど、多くのセンシティブな悩みが生まれるのもこの年代が故に、一概に全てがパーフェクトとは言えませんが、周りを見ても楽しく生きている人が多いです。

おそらく、過去の私のように、アラサーという言葉に対してポジティブでない感情を抱いている若い世代は多いと思います。

そんな若い世代たち、そして同じアラサーという立場にあり様々な悩みを抱えてる方の「アラサーの概念を変える」それが私たち２人がアダルトークを続ける理由です。

若い世代が見て、20代後半~30代をかっこいい、魅力溢れる年代にしたい、同じ年代で同じような悩みを抱えつつもポジティブに生きている女２人がいると、どこかで元気付けられたらと思い発信を続けています。

Podcast名もあえて「アラサー」という言葉を使わず、「結婚したい乙女たち」という遠回しにこの年代を表す表現にしたのもこういった理由からです。

現在のアダルトークの目標は「Podcast界のヒカキンになる」ということ。YouTuberと言えばヒカキンさん、Podcasterと言えばアダルトーク。

こんな未来を目指していますが、そのためにはPodcastという言葉をもっと世間に知ってもらう必要があると思います。

Podcastは本当に好きなものを発信している人が多い分、他メディアと比較すると、配信者とリスナーの距離が近いことも魅力の一つです。

Podcastという、他とはまた違った面白い世界があることを知ってもらうためのきっかけに私たちはなりたいのです。

そのために、今までアダルトークはPodcastにとどまらず、様々なことに挑戦してきました。

仮面舞踏会という前代未聞のオフ会、オリジナル曲の作成、ビデオPodcastという映像コンテンツでは合コン企画やプロデュース企画を、時にはM-1グランプリに出場し漫才を披露（笑）

そして今回の書籍出版。本を出すということは私たち2人の力では叶えることができない挑戦でした。そんな挑戦ができたのも、いつも聴いてくださるリスナーの皆様、今この本を手に取っていただいている皆様のおかげです。いつも本当にありがとうございます。


そして今回、もう一つの挑戦「顔出し」。

今まで、頑なに顔を伏せてきたのはコンテンツの共感性を高めるためでした。年齢や属性、顔が明らかになれば、「ああ、この人はこういうタイプの人間だからな」と共感が薄まるからです。また、どんな人なんだろうと想像しながら聴けるのも面白さの一つだったと思います。

でも、私たちの叶えたい目標のために、今回「顔出し」という私たちが避けてきた過去最大のチャレンジをすることとなりました。顔出しの活動第一弾が、この書籍出版です。


正直、この選択が吉と出るか凶と出るかはわかりません。でもそれだけ本気ということです。

さあ、アダルトーク第二章の幕開けです。


今後もたくさんのことに挑戦するであろう私たち2人をこれからも温かく見守っていただけたらとても嬉しいです。

それでは、今回も（ルナと）お琴でお送りしました。「いつかは」結婚したい乙女たちのアダルトークでした！


ばいば〜い!!

お琴

STAFF

デザイン／片渕涼太　片渕真利（haguruma.pepper.graphics）
取材・執筆／髙木章圭
イラスト／pero create（西井亜美）
撮影／ヒサノモトヒロ　渡邉智裕（P178〜185）
協力／武重佳信　　校閲／K.I.A
編集／栃丸秀俊

いつかは結婚したい乙女たちのアダルトーク

著　者　お琴＆ルナ
編集人　栃丸秀俊
発行人　倉次辰男
発行所　株式会社主婦と生活社
〒104-8357 東京都中央区京橋3-5-7
TEL　03-5579-9611（編集部）
TEL　03-3563-5121（販売部）
TEL　03-3563-5125（生産部）
https://www.shufu.co.jp
製販所　東京カラーフォト・プロセス株式会社
印刷所　大日本印刷株式会社
製本所　株式会社若林製本工場

ISBN 978-4-391-16142-7